보르네오섬 쿠칭에서 찾은 삶의 여유

나의
계절을
찾아서

보르네오섬 쿠칭에서 찾은 삶의 여유
나의 계절을 찾아서

초판 1쇄 인쇄	2025년 12월 10일
초판 1쇄 발행	2025년 12월 24일

신고번호	제313-2010-376호
등록번호	105-91-58839

지은이	최경식

발행처	보민출판사
발행인	김국환
기획	김선희
편집	현경보
디자인	김민정

ISBN	979-11-6957-419-8	03810

주소	경기도 파주시 해올로 11, 우미린더퍼스트@ 상가 2동 109호
전화	070-8615-7449
사이트	www.bominbook.com

- 가격은 뒤표지에 있으며, 파본은 구입하신 서점에서 교환해드립니다.
- 이 책은 저작권법에 의하여 보호를 받는 저작물이므로 무단 전재와 복사를 금합니다.

보르네오섬 쿠칭에서 찾은 삶의 여유

나의
계절을
찾아서

최경식 지음

익숙한 일상을 벗어나
미지의 세상을 꿈꾸던 순간이 있었을 것이다.
이 책이 그 꿈을 현실로 내딛는 첫걸음이 되기를 바란다.

| 추천사 (1) |

겨울이 올 때마다 어디론가 떠나고 싶은 마음이 들었다. 하지만 그 마음을 실행에 옮긴 이는 흔치 않다. 이 책은 그 흔치 않은 실행을 반복하며, 삶의 속도를 바꾸고자 했던 한 사람의 이야기다. 작가는 매년 겨울이 시작되는 환절기에는 온화한 동남아 지역에서 1~3개월 머물며 겨울을 피하는 삶을 산다. 잠시 머무는 관광이 아니라, 실제 살아보는 체류다. 일상은 조용하지만 풍요롭다.

"아침엔 시장에 들러 과일을 사고, 오후엔 커피 한 잔과 책 한 권으로 시간을 보낸다. 낯선 언어와 풍경 속에서 오히려 내 마음은 평온해진다."

삶의 속도를 낮추는 일이 사치가 아닌 회복임을 그는 몸으로 실감하며 살아낸다.

제1부에서는 이 새로운 삶의 방식 '계절이주'에 대한 개념을 넓은 시야로 펼쳐 보인다. 스노우버드, 롱스테이, 디지털 노마드 같은 전 세계의 사례를 통해 나이와 직업, 국적을 넘어 계절을 선택하며 살아가는 삶이 낯설지만 불가능하지 않음을 보여준다. 특히 은퇴 후의 삶을 재조정할 수 있는 새로운 시각을 갖게 한다.

"계절이주는 단순한 기후 회피가 아니라, 삶의 질서를 다시 조율하는 시도다."

이 문장은 '계절이주'를 가장 잘 설명한 문자이다.

제2부에서는 '계절이주'의 성패를 가르는 네 가지 조건을 설명한다. 작가의 시선과 생각을 따라가다 보면 거리, 기후, 물가, 의료, 치안이라는 실용적 기준 속에서 독자는 스스로의 조건을 점검하게 된다. 특히 "생활비는 한국의 70% 수준이며 도시를 벗어나면 바로 열대우림, 바다, 산, 국립공원이 펼쳐진다"는 설명은 구체적인 상상력을 가능하게 한다. 이 장을 읽고 나면 독자 스스로도 언젠가 자신의 계절을 옮겨 살아보는 삶을 그려보게 될 것이다.

제3부는 '낯선 나라에 적응하기'의 기록이다. 관광객의 시선이 아닌, 체류자의 발걸음으로 마주한 현지의 질감이 풍부하게 담겨 있다. 예를 들면 계약서를 썼다고 해도 돈은 절대 미리 주지 말고,

상대의 행동을 관찰하며 천천히 신뢰를 쌓아가기를 권하고 있다. 이곳에서는 규칙보다 사람이 중요하기 때문이다. 작가는 그 속에서 이렇게 고백한다.

"나는 이제 완벽한 계획보다 우연한 사건에 더 많이 웃고, 덜 당황한다."

여행자가 아니라 살아보는 사람만이 할 수 있는 고백이다.

제4부와 제5부는 쿠칭의 공간과 문화, 그리고 사람들의 삶을 깊이 있게 담아낸다. 백인 라자의 역사, 다양한 종교가 공존하는 도시 풍경, 힌두사원을 맨발로 오르던 어느 일요일, 정글 속 쿠바 국립공원의 폭포 소리, 그리고 조용히 흐르던 사라와 강의 저녁. 작가는 이 낯선 풍경 앞에서 삶의 본질에 가까워진다.

"그곳 사람들은 서로의 종교를 묻지 않는다. 그저 오늘 하루를 정직하게 사는 이웃일 뿐이다."

그는 일상 속 실천에서 공존의 의미를 찾아낸다.

특히 인상적인 장면은 어느 저녁, 붉은 노을 아래 이슬람 사원의 첨탑과 기독교 교회의 종탑이 함께 빛나는 모습을 바라보는 장면이다. 그는 그 풍경을 마주하며 이렇게 묻는다.

"하나님, 당신은 이 모든 형제들을 위해 어떤 화해의 계획을 갖고 계십니까?"

이 질문은 이방인으로서의 겸허함이자, 인간으로서의 깊은 성찰이다. 그 순간, 쿠칭이라는 낯선 도시는 단순한 여행지가 아니라 하나의 깨달음이 된다. 그리고 책의 마지막 장에 이르면 작가는 스스로의 변화를 고백한다.

"계절이주는 인생의 속도를 조율하고, 마음의 회계장부를 다시 쓰는 일이다."

그가 이 여행을 통해 얻은 가장 소중한 깨달음일 것이다. 떠남이 몸을 움직였고, 돌아옴은 마음을 바꾸었다. 더 많이 가졌는가 보다 어떻게 살아왔는가를 묻는 시선이 그의 글에 깃들어 있다.

『나의 계절을 찾아서』는 다정한 책이다. 낯선 것을 과장하지 않고, 익숙한 것을 비난하지 않는다. 그냥 조용히 질문한다.

"지금의 삶은 나에게 정말 맞는 계절인가?"

"지금 이 속도는 나를 지켜주는가?"

이 책은 떠남의 기술을 가르치지 않는다. 오히려 자기 삶을 스스로 설계할 수 있다는 가능성을 조심스럽게 건넨다.

2025년 11월

편집위원 **김선희**

| 추천사 (2) |

어느 순간부터 우리의 하루는 해야 할 일로만 빽빽해지고 계절의 얼굴은 흐릿해졌다. 시간은 늘 앞질러 가고 마음은 그 뒤를 헐떡이며 따라붙는다. 『나의 계절을 찾아서』는 그 익숙한 호흡에서 한 걸음 물러나, 한 계절 분량의 느린 삶으로 자신의 리듬을 되찾아가는 일상을 기록한 책이다. 화려한 장면이나 과장된 감정 없이, 생활의 속도와 마음의 온도를 천천히 바로 세우는 문장들이 조용히 이어진다.

이 책이 매력적인 이유는 풍경의 낯섦을 과시하지 않기 때문이다. 작가는 낯선 도시를 "구경하는 사람"이 아니라 "살아보는 사람"의 거리에서 바라본다. 새벽에 열리는 시장의 소란과 늦은 오후 강가에 깔리는 쉼, 종교가 다른 이웃들이 서로의 일상을 존중하며 스쳐 지나가는 저녁의 온도까지, 대단할 것 없는 장면들이 꾸밈없이 쌓인다. 그 차분한 나열 속에서 독자는 금세 알게 된다. 이 책의 관심은 먼 곳의 스펙터클이 아니라, 나 자신에게 맞는 삶의 박자를 다시 찾는 일에 있음을 말이다.

체류의 시간은 늘 순탄하지만은 않다. 계획에 없던 소동이 찾아오고, 언어의 미세한 단차에 발이 걸리고, 길을 돌아가는 날도 생긴다. 그러나 그때마다 작가는 서두르지 않는다. 낯섦을 탓하기보다 어제의 자신보다 조금 더 유연해지는 법을 배운다. 불편은 곧 태도가 되고, 우연은 곧 기술이 된다. 이 책의 잔잔한 설득력은 바로 그 단단한 태도에서 비롯된다. 위기는 줄어들지 않지만, 마음이 무너지지 않는 법을 익히는 일! 한 계절의 생활이 남기는 가장 실질적인 변화가 무엇인지 이 책은 생활자의 문장으로 증명한다.

이 책『나의 계절을 찾아서』가 더 깊이 다가오는 이유는 실용과 사유를 한쪽으로 치우치지 않는 균형감에 있다. 낯선 도시에서 지내기 위해 무엇을 확인해야 하는지, 무엇을 기대하고 무엇을 내려놓아야 하는지, 작가는 생활비와 안전, 의료 접근성, 이동의 편의 같은 정보들을 건조하게 나열하지 않는다. 그 조건들이 일상의 감정과 어떻게 맞물려 마음의 안정으로 이어지는지, 체험의 결을 따라 천천히 보여준다. 그래서 독자는 꿈이 아니라 계획의 언어로, 낭만이 아니라 생활의 문장으로 자신의 한 계절을 상상하게 된다.

무엇보다 이 책이 품은 핵심은 "돌아옴"의 의미에 있다. 떠남이 몸을 움직였다면, 돌아옴은 마음을 바꾸는 일이다. 다른 기후와 다른 리듬 속에서 한 계절을 살아낸 뒤, 작가는 익숙한 자리로 돌아와 삶의 서랍을 조용히 정돈한다. 무엇을 덜어낼지, 무엇을 남겨둘지, 무엇을 새로 채울지를 말이다. 이 책은 거창한 결심 대신 작고 구체적인 실천으로 삶의 구조를 다시 짜는 일을 권한다. 느리게 걷는 시간, 스스로에게 필요한 침묵을 하루에 조금씩 확보하는 일 등등 번지르르한 구호가 아니라 손에 잡히는 변화가 삶의 결을 바꾼다는 사실이 페이지 곳곳에서 설득력 있게 드러난다.

여기에 작가가 보여주는 작은 철학이 있다. 다름을 틀림으로 단정하지 않는 마음, 낯선 규칙 앞에서 먼저 이해의 방향으로 몸을 기울이는 태도, 종교와 문화의 차이가 일상의 온기를 해치지 않는 도시에서 배우는 공존의 감각! 그것은 여행자의 호기심이 아니라 생활자의 예의에 가깝다. 그래서 이 책을 덮고 나면 풍경보다 태도가 오래 남는다. "나는 어떤 속도로 살아야 마음이 무너지지 않을까?",

"내가 지키고 싶은 일상의 품격은 무엇일까?"와 같은 질문들이 잔향처럼 따라온다.

책을 덮고 나면 자연스레 두 가지가 선명해진다. 지금 내가 사는 계절이 정말 나의 것인지, 그리고 다음 계절을 어떤 속도로 살고 싶은지 말이다. 정답은 없다! 다만 한 사람이 온전한 생활의 언어로 써 내려간 기록이 있다. 그 정직함이 곧 이 책의 힘이다. 한 계절 분량의 생활이 삶의 결을 바꿀 수 있다는 사실을 이보다 조용하고 확실하게 보여주는 책을, 나는 오래 보지 못했다.

2025년 11월
시인 **박정은**

| 프롤로그 |

　겨울이 오면 공기는 차갑고 마음은 서서히 닫혀간다. 짧아진 햇살과 스며드는 찬바람 속에서, 나는 어느새 움츠러든 자신을 발견한다. 하지만 지구 어딘가에서는 햇살이 여전히 따뜻하고, 바람은 부드럽게 불고 있다. 나는 자신만의 계절을 만들어 가는 삶을 선택했다. 잊고 있던 나를 다시 만나는 시간이었고, 자연 속에 몸과 마음을 맡기는 훈련이었다. 익숙한 일상에서 한 걸음 물러나 낯선 풍경 속에서 자신을 회복하고 다시 살아갈 힘을 얻는 여정이었다.

　이 책은 내가 직접 체험한 보르네오섬 쿠칭(Kuching)에서의 일상을 바탕으로 여행의 기록, 실용적인 정보, 인문적 성찰이 담겨있다. 그 안에는 두 가지 이야기가 있다. 하나는, '계절이주'라는 삶의 방식이다. 어떤 준비가 필요한지, 무엇을 고려해야 하는지, 그리고 그것이 어떤 의미를 가지는지에 대한 이야기다. 다른 하나는, '계절이주'는 삶의 속도를 조율하고 마음의 회계장부를 다시 쓰는 일이다. 계절이주지에서의 실제 생활과 문화 적응, 그리고 그 속에서 얻은 깨달음을 담았다.

살다 보면 누구나 한 번쯤, 익숙한 일상을 벗어나 미지의 세상을 꿈꾸던 순간이 있었을 것이다. 이 책이 그 꿈을 현실로 내딛는 첫걸음이 되기를 바란다.

2025년 11월

지은이 **최경식**

| 목차 |

추천사 (1) · 4

추천사 (2) · 8

프롤로그 · 12

제1부. 계절이주, 새로운 삶의 방식
01. 계절을 따라 이동하는 사람들 · 18

02. 은퇴 후 계절이주의 의미 · 23

03. 떠남이 가르쳐 준 것, 복귀가 완성한 것 · 26

제2부. 계절이주, 현실 속에서 길을 찾다
01. 계절이주의 성패를 가르는 네 가지 조건 · 32

02. 동남아, 계절이주의 현실적 선택 · 36

제3부. 낯선 나라에서 적응하기
01. 문화 감수성, 타문화 속에서 자신을 지키는 힘 · 40

02. 그렇구나, 낯선 땅에서 배우는 마음의 언어 · 43

제4부. 쿠칭의 매력
01. 느림이 살아있는 도시 · 48

02. 문화와 사람들 · 58

03. 소설 같은 역사 · 65

제5부. 쿠칭에서 보낸 계절

01. 일상의 기록 · 74
- (1) 소유가 삶을 행복하게 하는가? · 74
- (2) 노을 아래, 형제의 종교들 · 76
- (3) 과유불급(過猶不及) · 79
- (4) 말레이시아 의료, 신뢰할 만한가 · 80
- (5) 계절이주가 남긴 것 · 82
- (6) 아이폰 분실사건 · 83
- (7) 재래시장에서 장보기 · 86
- (8) 값비싼 싸구려 - 에어 아시아를 피해야 하는 이유 · 90
- (9) S-MM2H 비자가 계절이주자에게 필요한가 · 92
- (10) 부동산 규제의 역설 · 94
- (11) 한 달 생활비 · 97

02. 근교 방문기 · 101
- (1) 산길에서 만난 짧은 인연 · 101
- (2) 오랑우탄을 만나다 · 106
- (3) 살아있는 문화유산 · 113
- (4) 변하지 않는 자연의 시간 · 121
- (5) 철새 경로지 어촌 · 130
- (6) 계획에 없던 여행 · 136
- (7) 조용한 일요일 아침 순례 · 146
- (8) 골프에 대한 단상 · 154
- (9) 근교 방문지 요약 · 161

에필로그 · 162

제1부

계절이주, 새로운 삶의 방식

01

계절을 따라
이동하는 사람들

겨울이 다가오면, 북반구의 수백만 명이 따뜻한 기후를 찾아 이동한다. 미국의 '스노우버드'만 해도 해마다 수백만 명이 넘고, 일본의 '롱스테이' 삶도 이미 하나의 문화가 되었다. 이들에게 겨울은 이동의 계절이다.

매년 겨울이 시작되는 환절기에는 감기와 몸살이 찾아온다. 면역력이 약해지는 노년기에 접어들면 겨울 환절기의 기온 변화가 건강 리스크가 된다. 그래서 나는 겨울철에는 따뜻한 곳을 찾는다. 말레이시아, 태국, 인도네시아, 베트남, 라오스처럼 연중 기온이 일정하고 온화한 나라에서 1~3개월 머물며 겨울을 피하는 삶을 산다. 이러한 계절이주는 나만의 특별한 선택은 아니다.

미국과 일본에서는 이미 하나의 라이프 스타일로 자리를 잡았다. 미국 북부의 혹독한 겨울을 피해 남쪽으로 이동하는 이들을 '스노우버드(Snowbird)'라 부르고, 일본에서는 따뜻한 해외에서 장기 체류하는 삶을 '롱스테이(Long Stay)'라 부른다.

팬데믹 이후 원격 근무 기술의 활용이 본격화되면서, 디지털 노마드도 계절이주에 가세했다. 클라우드 기반 협업 툴과 화상회의 플랫폼을 기반으로 자연 속의 캠핑장, 해변가의 카페, 해외 도시의 코워킹 스페이스에서도 업무를 처리할 수 있게 된 것이다. 겨울엔 동남아, 여름엔 유럽 해안 도시로 이동하며 일과 여행을 함께하는 그들의 모습은 마치 현대판 유목민 같다.

미국의 스노우 버드

미국에서는 중서부, 북동부 등 추운 지역의 은퇴자들이 겨울철이 되면 플로리다, 애리조나, 텍사스, 캘리포니아 남부, 하와이 등 따뜻한 지역으로 이동하는 계절이주 현상이 오랫동안 이어져 왔다. 그들은 눈이 내리기 시작하면 북부의 혹한을 피해 남부의 온화한 지역으로 이동하고 봄이 오면 다시 본래의 집으로 돌아간다.

그 결과, 계절이주는 단순한 여행이 아니라 건강관리, 사회적 관계 유지, 삶의 다양성 확보라는 세 가지 목표를 동시에 실현하는 문화로 자리 잡았다.

미국의 스노우버드 현상은 단순한 부유층의 여가가 아니다. 많은 중산층, 노년층이 임대형 주거, 캠핑카, 공유형 리조트를 활용하여 합리적 비용으로 이동형 생활을 실천한다.

일본의 문화로 자리 잡은 '시즌별 이주'

일본의 계절이주자들은 오키나와, 큐슈, 혹은 말레이시아, 태국, 인도네시아, 베트남 등 동남아시아 국가에서 겨울을 나며 '롱스테이'를 즐기는 경향이 있다. 보통 한 번에 1~3개월 머무르며 비자를 연장하거나 여러 나라를 오가며 계절마다 다른 지역을 경험하기도 한다.

일본의 은퇴 세대는 이를 통해 삶의 다양성과 정신적 활력을 얻는다. 그들은 낯선 환경에서 새로운 사람을 만나고 다른 기후와 문화 속에서 다시 배우는 삶을 선택한다. 계절이주는 단순한 기후 회피가 아니라, 은퇴 후 정체된 일상에 자극을 불어넣는 지적 경험이 된다.

디지털 노마드의 계절이주

지금 이 순간에도 누군가는 노트북 하나를 들고 새로운 도시로 향하고 있다. 전 세계 수천만 명의 디지털 노마드들이 국경을 넘나들며 일하고 살아가고 있다. 미국에서만 1천만 명 이상이 이 라이

프스타일을 따른다. 각종 글로벌 리서치 기관들은 2030년까지 이 인구가 증가할 것으로 전망한다.

디지털 노마드는 단순한 원격 근무자가 아니다. 그들은 일과 삶의 경계를 허물고 새로운 질서를 만들어 가는 세대다. 인터넷과 정보통신기술을 바탕으로 특정한 거주지에 얽매이지 않고 이동하며 일하는 사람들이다. 업무와 여행을 유기적으로 융합해 살아가는 이들이 바로 그들이다. 최근에는 이러한 삶의 방식이 '계절이주'라는 개념과 결합하며 한층 확장되고 있다.

디지털 노마드가 계절이주 방식을 선택하는 이유는 세 가지로 정리할 수 있다.

첫째, 새로운 환경은 감각을 깨우고 굳어 있던 사고를 흔들어 창의성을 자극한다.

둘째, 원격 협업 기술의 발달로 시공간의 제약 없이 협업이 가능해져서 자유로운 이동이 현실이 되었다.

셋째, 일과 삶의 균형을 중시하는 문화가 확산되면서 삶의 질을 구축하려는 경향이 강해졌다.

물론 디지털 노마드의 삶이 언제나 자유롭고 낭만적인 것은 아니다. 가장 큰 과제는 일과 삶의 경계 관리다. 새로운 환경은 생산

성의 자극제가 될 수 있지만, 고립감과 번아웃을 초래할 수도 있다. 이를 방지하기 위해 많은 디지털 노마드들은 자신만의 루틴을 설계한다.

예를 들어, 타임 블로킹(time blocking)을 통해 업무와 휴식의 경계를 명확히 구분하고, 명상·산책·아침 운동 등 자기 관리 루틴을 꾸준히 유지한다. 또 시장 방문, 요가 클래스, 요리 수업 같은 활동을 통해 현지 문화를 체험하며, 하루 한 번 이상 누군가와의 교류를 의식적으로 만들어 내기도 한다.

그들에게 루틴은 유목 속에서도 균형을 잃지 않게 해주는 작은 닻이다. 미래에는 더 많은 사람들이 이러한 유연함과 자율성을 꿈꾸며 계절이주를 통해 일과 삶, 그리고 자연의 조화로운 균형을 모색하게 될 것이다.

02

은퇴 후
계절이주의 의미

우리나라의 겨울은 차갑다. 건물 사이를 파고드는 바람은 거세고, 추위는 몸과 마음을 함께 움츠러들게 만든다. 은퇴 후에는 업무 루틴이 사라지면서 인간관계가 단절되기 쉽다. 그러나 삶의 무대를 조금만 옮겨보면 인생의 계절은 다른 빛으로 바뀔 수 있다. 온화한 날씨, 느린 일상, 새로운 인간관계가 있는 곳에서 우리는 '봄의 감각'을 되찾을 수 있다.

현재 한국인의 기대수명은 83.5세로, 1970년 62.3세에 비해 무려 21년이나 늘어났다. 이는 은퇴 이후에도 긴 시간을 살아가야 함을 의미한다. 그런데 이 긴 시간을 매년 반복되는 혹독한 겨울 속에서 보내야 할 이유는 없다. 오늘의 신중년 세대는 더 이상 수동적인 노인이 아니다. 이들은 건강과 활력을 유지하며 소비와 문화의 중심에 서 있는 '액티브 시니어'다. 고정된 틀에 머무르지 않고 스스로 삶의 환경을 선택할 권리와 능력을 지닌 세대이기도 하다.

따뜻한 기후는 세로토닌 분비를 촉진하고 멜라토닌의 균형을 맞춰 우울감을 완화한다. 햇빛을 충분히 받으면 비타민 D 합성이 활발해지고, 이는 기분 조절에 핵심적인 역할을 한다.

계절이주가 주는 장점
첫째, 건강 유지다.

온난한 지역의 겨울은 관절 질환과 호흡기 질환의 부담을 줄이고 햇볕과 비타민 D의 노출은 면역 기능을 강화한다. 계절이주는 환경을 바꾸는 예방적 건강관리다.

둘째, 정신적 안정과 사회적 관계 회복이다.

우리는 경쟁과 성과의 압박 속에서 살고 있다. 그래서 고립감과 우울감으로 인한 정신적 스트레스가 높다. 그러나 새로운 장소에서의 인간관계, 문화적 호기심, 그리고 일상의 자율은 삶의 활력을 되찾게 한다. 낯선 환경에서 '다시 배운다'는 경험은 뇌의 회복력과 자존감을 함께 키운다.

셋째, 경제적 합리성이다.

동남아시아 지역의 생활비는 한국보다 저렴하다. 겨울철은 난

방비가 많이 든다. 의료비, 식비를 고려해 볼 때 '생활의 효율적 분산'이 가능하다. 계절이주는 사치가 아니라, 합리적 삶의 전략이 될 수 있다.

계절을 경영한다는 새로운 철학

'계절을 경영한다'는 발상은 자신의 몸과 마음, 시간의 속도를 스스로 설계한다는 의미다. 이것은 삶을 계절에 맞게 조정하며 삶을 주체적으로 다루는 일이다.

계절이주는 기존의 수동적인 노년관을 벗어나 능동적이고 창조적인 노년 문화를 만들어 간다. 글쓰기, 새로운 언어 학습, 문화체험 등을 통해 언어 능력을 단련하고 인지 기능을 유지할 수 있으며, 이는 노화를 늦추고 삶의 질을 향상시키는 효과를 가져온다. 따뜻한 기후에서의 활동적인 생활은 단순한 여가가 아니라 건강수명 연장을 위한 적극적 투자라 할 수 있다.

계절을 바꾸면 마음이 바뀐다.
그리고 마음이 바뀌면, 인생이 변한다.

03

떠남이 가르쳐 준 것,
복귀가 완성한 것

떠남의 철학

인간은 본능적으로 익숙함을 원한다. 익숙한 일상, 반복되는 만남, 동일한 공간 속에서 안정감을 느낀다. 그러나 익숙함은 동시에 정체의 덫이 되기도 한다. 안정은 발전을 마비시키고, 익숙함은 사유를 게으르게 만든다. 계절이주는 바로 그 익숙함을 해체하는 행위다.

언어, 음식, 하늘의 색조까지 모든 것이 다르게 다가올 때 우리는 무의식적으로 자신을 돌아보게 된다. 계절이주는 익숙함을 걷어내고 감각과 사유를 재점화하는 행위다. 그것은 단순한 여행이 아니라 삶의 구조를 점검하는 리셋 버튼이다.

삶의 분산 경영

일본의 시니어들은 오래전부터 '지혜로운 이동'을 실천해 왔다. 그들은 해외이주 대신 '롱스테이(Long Stay)'라는 표현을 쓴다. 삶을 해외로 옮기는 것이 아니라, 잠시 계절을 바꾸어 사는 것이라는 의미를 전달하고자 함이 아닐까 한다.

홋카이도의 혹한을 피해 노년층은 겨울이면 오키나와, 큐슈, 혹은 동남아로 향한다. 그곳에서 소박한 아파트를 임대하고 현지 시장을 누비며, 이웃과 인사를 나눈다. 그들은 관광객이 아니라 '삶의 관찰자이자 임시 시민'으로 살아간다. 치밀한 규율과 효율 중심의 일본 사회 속에서 계절이주는 그들에게 일종의 탈출구다.

한편, 미국의 스노우버드(Snowbird)들은 세계에서 가장 오래된 계절이주 집단으로 꼽힌다. 그들은 북부의 혹한을 피해 남부로 이동하며 기후와 경제에 맞춰 삶을 최적화한다. 캠핑카, 휴양주택, 공유 레지던스 등 이동 가능한 거주 방식을 택하고, '정착의 고정성' 대신 '이동의 지속성'을 추구한다.

복귀의 철학

계절이주를 마치고 고국으로 돌아올 때 사람들은 흔히 말한다.
"그곳에서는 좋았지만, 역시 한국이 편하다."

그러나 진정한 복귀는 단순히 장소의 귀환이 아니다. 새로운 시선으로 일상과 사회를 다시 바라보는 것, 그것이 진정한 복귀다.

떠남을 통해 얻은 느림의 미학, 현지인들과의 대화에서 배운 겸손, 그리고 낮은 물가 속에서 느낀 소박한 풍요로움은 복귀 이후의 삶에 미묘하지만 변화를 일으킨다.

계절이주는 나로 하여금 한국 사회를 다시 바라보게 했다. 우리는 너무 자주 남의 시선을 의식하며 살아간다. 세상을 자신의 눈으로 보기보다, 집단이 만들어 놓은 기준 속에서 평가받고 그 틀에 맞추려 애쓴다. 높은 연봉, 좋은 차, 상급지의 아파트, 화려한 학력 같은 것들이 인생의 성공을 대변하는 듯 여겨진다. 그 결과 사람들은 끊임없이 남과 자신을 비교하며, 경쟁과 시기 속에서 지쳐간다. 그리고 그 피로의 끝에서 점점 더 외로워지고 우울해진다. 과연 그런 삶이 진정 행복한가?

도시의 속도와 피로를 잠시 내려놓고 자연의 호흡에 맞춰 삶의 리듬을 늦추고 잊고 있던 '자아의 존재'을 되찾는 일, 바로 그것이 계절이주가 남기는 근원적 변화다.

떠남이 몸을 움직였다면, 복귀는 마음을 바꾼다. 그 마음의 변화야말로 계절이주의 진정한 결실이다. 계절이주는 인생의 속도를 조율하고, 마음의 회계장부를 다시 쓰는 일이다. 떠남과 돌아옴 속에서 우리는 마침내 '자기 삶의 경영자'로 성장한다.

제2부

계절이주, 현실 속에서 길을 찾다

01

계절이주의 성패를 가르는 네 가지 조건

  1~3개월 동안 새로운 환경에서 편안하고 안정적으로 생활하려면 계절이주지로 향하기 전, 현실의 조건들을 차분히 살펴봐야 한다.

  첫 번째 조건은 시차와 거리다.

  시차가 크면 우리 몸은 혼란을 겪기 시작한다. 나이가 들수록 그 영향은 심하고 극복하는 데도 시간이 많이 걸린다. 시차 적응 실패는 단순한 불편함이 아니다. 밤에 잠들기 힘들고 낮에 깨어있기 버거워지며, 의욕과 에너지가 저하되고 기분 조절에 어려움을 겪는다. 집중력·판단력·기억력 등 인지 기능도 떨어진다.

  장거리 비행은 단순히 소요 시간의 문제가 아니다. 우리 몸에 직접적인 건강 위험을 가져다준다. 가장 대표적인 것이 '이코노미

클래스 증후군'으로 불리는 심부정맥혈전증이다. 비행기 좌석에 4시간 이상 앉아 있으면 혈전증 위험이 증가한다. 비행 중 기내는 기압이 낮아져 산소 농도가 지상의 약 80%에 불과하고 혈류가 느려진다. 그래서 갑자기 근육의 힘이 빠지면서 어지럽고 곧 쓰러질 것 같은 느낌이 나타나기도 한다.

따라서 비행 시간이 짧을수록 이러한 건강 위험을 최소화할 수 있다. 4시간 이내의 비행이면 상대적으로 안전하고, 6시간을 넘어가면 주의가 필요하다고 한다.

두 번째 조건은 온화한 기후다.

폭염은 열사병과 탈진, 탈수 등을 일으켜 심혈관과 신장질환도 악화시킨다. 자연재해의 위험성도 무시할 수 없다. 기후변화로 인해 자연재해는 점점 빈번해지고 강도도 증가하고 있어 자연재해가 적은 지역을 선택하는 것이 중요하다.

세 번째 조건은 의료 · 치안 · 인프라이다.

응급상황이 발생했을 때 신속한 의료서비스를 받을 수 있어야 한다. 응급실, 종합병원, 언어 소통 가능 여부 등을 사전에 파악해야 한다. 치안 역시 안전과 직결된다. 밤길 안전, 사기나 절도, 외국인 대상 범죄 발생률 등을 고려해서 거주지역을 선택해야 한다. 인프라는 생활 편의성과 관련된다. 인터넷 품질, 전력 공급의 안정성, 상하수도 시설, 대중교통, 쇼핑 시설 등이 갖춰져 있어야 몇 달간의 체류가 쾌적할 수 있다.

네 번째 조건은 생활비이다.
저소득층을 대상으로 한 연구에서 생활비 부담이 클수록 우울감이 증가하는 것으로 나타났다. 경제적 어려움은 뇌와 호르몬 체계에 영향을 미쳐 스트레스 호르몬 분비를 증가시키고 우울증을 악화시킨다. 계절이주에서 생활비가 경제적이어야 하는 이유는 여기에 있다. 경제적 부담 없이 여유롭게 생활할 수 있어야 진정한 휴식과 재충전이 가능하다. 매일 지출을 걱정해야 한다면 계절이주의 목적인 삶의 질을 향상시킬 수 없다.

이 조건들은 독립적인 것이 아니라 서로 유기적으로 연결되어 있다. 시차와 비행 시간은 초기 적응에 영향을 미치고, 기후와 대기 질은 일상의 건강을 좌우한다. 의료·치안·인프라는 안전망 역할을 하고, 생활비는 삶의 질을 유지 가능하게 만드는 기반이 된다. 한 가지 조건이라도 부족하면 전체적인 계절이주의 질이 떨어진다. 아무리 생활비가 저렴해도 의료 인프라가 부족하면 건강 위험에 노출되고, 아무리 기후가 좋아도 시차 적응에 실패하면 몇 달을 고생할 수 있다.

　따라서 이러한 조건들을 종합적으로 고려하여 계절이주지를 선택해야 한다. 단순히 따뜻한 곳이나 저렴한 곳이 아니라, 건강하고 안전하며 경제적인 곳을 찾아야 한다.

02

동남아,
계절이주의 현실적 선택

　동남아시아는 현실적인 선택지다. 접근성, 기후, 생활비, 그리고 문화적 친숙함까지 모두 충족한다. 무엇보다 가까운 거리가 큰 장점이다. 한국에서 비행기로 4~7시간이면 닿을 수 있고, 시차도 1~2시간에 불과하다. 말레이시아와 싱가포르는 1시간, 베트남과 태국은 2시간 정도 한국보다 느리다. 가족과의 연락이 편하고, 필요할 때 언제든 귀국할 수 있다. 저비용 항공사의 발달로 항공권 가격도 부담이 적다. 시기를 잘 맞추면 왕복 20만 원대의 항공권을 구할 수 있어 계절이주의 문턱이 한층 낮아졌다.
　온화한 기후 역시 큰 매력이다. 한국의 겨울을 피해 따뜻한 계절을 보내고 싶은 이들에게 동남아는 최적의 대안이다. 필리핀은 연평균 26도로 늘 따뜻하고, 베트남과 태국 역시 겨울철에도 반팔 차림이 어색하지 않다. 호치민과 다낭은 2~4월이 가장 쾌적하며,

태국 치앙마이는 11월부터 2월까지가 여행하기 좋은 계절이다.

생활비가 저렴하다는 점도 빼놓을 수 없다. 현지 식당에서 한 끼는 3,000~6,000원이다. 아파트를 월세로 빌리면 호텔의 절반 수준으로 머물 수 있고 오토바이 렌트를 이용하면 월 10만 원 내외로 자유롭게 이동할 수 있다.

동남아의 한류 열풍은 생활의 편안함을 더한다. 방콕, 치앙마이, 호치민, 하노이, 마닐라, 세부 등 주요 도시에 한인 커뮤니티가 형성되어 있고, 한국어 통역이 가능한 병원도 많아 의료 접근성도 우수하다.

나는 그중에서도 말레이시아 쿠칭을 소개하고자 한다. 쿠칭은 말레이시아 사라왁주의 주도로 사라왁 강이 도시를 가르며 과거와 현재를 잇는다. 숲과 도시가 공존하고 하루가 천천히 흘러가는 곳이다. 생활비는 한국의 70% 수준이며 도시를 벗어나면 바로 열대우림, 바다, 산, 국립공원이 펼쳐진다. 은퇴자의 삶이 머물기에, 혹은 일과 쉼의 균형을 찾는 이에게 이곳만큼 어울리는 곳도 드물다.

제3부

낯선 나라에서 적응하기

01

문화 감수성,
타문화 속에서 자신을 지키는 힘

해외에서 한인들을 만나 일상적인 대화를 나누다 보면 흥미로운 점이 있다. 같은 외국 생활을 하는데도 어떤 이는 "삶이 자유롭고 풍요롭다"고 말하는 반면, 다른 이는 "너무 답답해서 당장 한국으로 돌아가고 싶다"고 하소연한다.

이 차이는 단순히 경제적 여건이나 생활 환경 때문만은 아니다. 현지에 잘 적응하는 사람들에게는 공통된 특징이 있다. 바로 열린 마음과 유연한 태도, 즉 문화 감수성(cultural sensitivity)이다. 문화 감수성이란 타문화의 차이를 인식하고 존중하며, 그 속에서 자신의 정체성을 잃지 않고 조화롭게 살아가는 능력을 말한다. 이는 단순히 "남의 나라니까 따라야지"라는 수동적 순응이 아니라, 새로운 문화를 삶의 일부로 받아들이며 시야를 넓히는 적극적인 태도다.

해외 생활의 질을 좌우하는 중요한 심리적 자산이기도 하다. 무엇보다 문화 감수성은 타고나는 성향이 아니라 학습과 경험을 통해 길러지는 능력이다. 다음은 계절이주자에게 도움이 될 수 있는 몇 가지 실천 전략이다.

① 사전 준비와 정보 수집

현지의 역사, 종교, 생활양식, 기후 등을 미리 알아두면 문화적 충격을 줄일 수 있다. 기본적인 언어 표현을 익히는 일은 단순한 편의가 아니라, 그 사회의 사고방식을 이해하는 창이 된다.

② 커뮤니티와의 연결

한인 모임이나 다문화 커뮤니티에 참여하면 고립감을 줄이고 정서적 안정을 얻을 수 있다.

③ 현지 활동 참여

요리 교실, 언어 교환, 지역 축제, 자원봉사 등 직접적인 교류는 타문화를 이해하고 적응하는 데 도움이 된다.

④ 문화적 멘토 찾기

먼저 정착한 교포나 현지인을 멘토로 삼으면 문화의 맥락을 배우고 불필요한 오해를 줄일 수 있다.

문화 감수성의 핵심은 열린 태도다. 타문화를 대할 때 "틀렸다"가 아니라 "다르다"고 인식하는 순간, 진정한 이해가 시작된다. 유연한 태도는 타인을 수용하는 덕목일 뿐 아니라, 자신의 내면을 확장하는 지혜이기도 하다.

02

그렇구나,
낯선 땅에서 배우는 마음의 언어

해외 생활은 언제나 기대와 설렘으로 시작되지만, 시간이 지나면 피할 수 없는 벽에 부딪히게 된다. 바로 '차이'라는 이름의 벽이다. 그리고 그 차이는 단순한 다름이 아니라, 마음을 쿡 찌르는 충격으로 다가온다. 우리가 흔히 말하는 문화충격(culture shock)이다.

심리학적으로 보면, 익숙한 환경에서 벗어나 전혀 다른 문화에 들어서면서 느끼는 혼란과 불안, 스트레스 등을 말한다. 언어부터 가치관, 생활방식, 사회 규범들이 낯설고 불편하다. 처음에는 모든 게 신기하고 즐겁지만, 시간이 흐를수록 이질감이 찾아오고 어느 순간 우리의 마음은 혼란 속에서 방향을 잃는다.

한국에서 자라난 우리에게 시간 약속, 정확함, 계약 이행은 너무나 당연하다. 그런데 그곳에서는 그 당연함이 당연하지 않다. 약속 시간에 늦는 것이 흔하고 계약 조건은 느슨하며, "Yes"라는 대답이 곧 실행을 의미하지 않는다. 처음엔 어리둥절하다가, 곧 화가 나고, 나중엔 "왜 이렇게밖에 못할까?" 하며 비난하게 된다. 하지만 그 비난은 마음을 가볍게 하지 못한다. 오히려 더 지치고, 더 외롭고, 더 한국이 그리워진다. 해외에서 살다 보면 누구나 한 번쯤은 겪는 과정이다.

단기 여행자에게는 낯선 문화가 흥미롭고 신선하게 다가온다. 하지만 1개월, 2개월, 3개월 시간이 쌓이면 신기함은 퇴색하고 권태기가 찾아온다. 마치 연애처럼 상대방의 기대하지 않았던 모습이 보이면서 실망하게 된다. 연애에서 그러하듯 문화충격도 결국 이해와 적당한 포기를 통해서 극복할 수 있다. 바꾸려고 애쓰기보다는 그냥 '이렇게 다르구나' 하고 인정하고 받아들이고 기대치를 낮추는 것이 현실적이고 효과적이다.

그곳에서 인간관계와 비즈니스는 우리와 방식이 다르다. 계약서를 썼다고 해서 그대로 진행될 것이라고 단정해서는 안 된다. 돈은 절대 미리 주지 말고, 작은 부탁과 거래부터 시작해야 한다. 상대의 행동을 관찰하고 천천히 신뢰를 쌓아야 한다. 이곳에서는 규칙보다 사람이 중요하다.

지각을 하면서도 사과하지 않는 사람, 말은 많지만 행동이 따르지 않는 사람들과는 애써 관계를 이어갈 필요가 없다. 우리는 여유롭고 평화로운 삶을 기대하며 그곳을 찾았다. 낯선 문화에서 받는 스트레스는 어쩌면 새로운 삶의 '통과의례'일지도 모른다.

'왜 그렇게 행동하지?' 하고 따지기보다, '그냥 그렇구나' 하고 흘러보낼 수 있다면 마음은 훨씬 가벼워진다. 산은 산이요, 물은 물이다. 다르게 존재할 뿐이다. 그 사실을 받아들일 때, 비로소 또 다른 나를 마주하고 소박한 행복을 누릴 수 있다.

제4부

쿠칭의 매력

01

느림이 살아있는 도시

10여 년 전, 나는 처음으로 보르네오섬을 여행했다. 여유롭고 느긋한 사람들의 삶은 내게 깊은 인상을 남겼고, 마치 자연이 오래전부터 나를 기다려 온 듯한 느낌이 들었다. 그때 마음속에 작은 울림이 있었다.

'은퇴 후에는 이곳에서 살아야겠다.'

그 울림은 세월이 흘러도 사라지지 않았다. 결국 나는 다시 이곳으로 돌아왔다. 바로 쿠칭이다. 쿠칭은 말레이시아 사라왁주의 주도로 보르네오섬의 평온한 기운을 품은 도시다. 사라왁 강이 도심을 가로지르며 과거와 현재를 이어주고, 영국 식민지 시대의 흔적과 현대의 일상이 나란히 공존한다. 숲과 도시가 서로를 품듯 어우러지고 기후는 덥지만 숨이 막힐 정도로 무덥지 않다. 아침이면 새소리가 들리고 저녁 일곱 시경에는 도시 전체가 고요 속으로 잠긴다. 이곳의 하루는 언제나 조용히, 그리고 천천히 흐른다.

은퇴자에게 쿠칭은 실용적인 조건도 충분하다. 생활비는 한국의 약 70퍼센트 수준이며, 외국인도 불편 없이 머물 수 있는 아파트와 콘도, 쇼핑센터, 재래시장, 병원이 도심 가까이에 모여 있다. 물론 불편함도 있다. 직항편이 없어 입국이 다소 번거롭지만 시차는 단 1시간이다. 장거리 비행의 피로도, 시차 적응의 부담도 크지 않다.

쿠칭은 화려하거나 눈에 띄는 도시가 아니다. 그저 "그곳에 있다"는 사실만으로도 평온함이 느껴지는 곳이다. 이 도시는 애써 자신을 드러내려 하지 않는다. 자연의 스케일을 떠올리면 흔히 미국을 먼저 생각한다. 정비된 국립공원, 광활한 대지, 잘 갖춰진 관광 인프라가 있지만, 그 웅장한 자연을 만나기 위해서는 몇 시간씩 차로 비행기로 이동해야 한다.

유럽은 또 다른 거리감을 만든다. 고풍스럽고 정제된 풍경은 아름답지만, 어딘가 인위적이다. 자연과 문화가 누군가의 틀 안에서 정돈된 느낌을 준다. 그러나 이곳은 다르다. 투박하고 때로는 무심하지만, 그 안에 담긴 동남아 특유의 온화한 정서와 동양적인 배경이 이 도시를 한층 더 편안하게 만든다.

한인 커뮤니티는 작고, 같은 또래의 한국인을 만나기도 쉽지 않다. 대부분의 교민은 자녀 교육이나 주재 근무를 위해 이주한 이들이다. 그들의 삶과 나의 삶은 방향이 다르다. 하지만 그것은 결핍이 아니라 충만함이다. 자연 속에서 사색하고 그 사유를 문장으로 옮기는 일은 내게 위로가 된다. 때로는 사람보다 자연 속 침묵이 더 깊은 위안을 줄 때가 있다.

"쿠칭이 어떤 도시인가?"

누군가 묻는다면, 나는 이렇게 답할 것이다.

"사람과 자연이 공존하며 자연에 기대어 사는 도시이다."

도심에서 차로 한 시간을 벗어나면 원시림과 해안이 맞닿은 풍경이 펼쳐진다. 바코 국립공원에서는 코주부원숭이를, 세멩고 야생 보호구역에서는 오랑우탄을 만날 수 있다. 그곳에서 자연은 삶을 품고 있으며 함께 숨 쉬는 이웃과 같다.

사라왁 강변에서 바라본 쿠칭 중심지, 왼편의 흰색 빌딩들은 호텔이다.

아스타나 궁전

쿠칭의 사라왁 강 북쪽 둑에 자리한 역사적인 왕궁으로, 1870년대에 제2대 백인 라자 찰스 브룩이 건축한 건물이다. 당시에는 왕궁으로 사용되었고 현재는 사라왁 주지사의 관저로 활용되고 있다.

차이나타운

전통적인 중국식 건축물과 붉은 홍등이 거리를 장식하고 있어 이국적인 분위기를 자아낸다. 사라왁 락사, 바쿠테, 중국식 사테 등 다양한 현지 음식을 맛볼 수 있어 미식가들에게 인기가 있다. 골목마다 기념품 가게, 찻집, 사원, 갤러리 등이 있어 산책하며 구경하기 좋다.

메인 바자 거리(Main Bazaar Street)

　도시에서 가장 오래된 거리 중 하나로, 사라왁 강변을 따라 이어지는 전통 상점 거리다. 이곳은 역사와 문화가 살아 숨 쉬는 공간으로 수공예품과 기념품을 찾는 여행자들에게 인기 있는 쇼핑 명소다.

02

문화와 사람들

쿠칭은 인구 약 70만 명의 도시지만 문화적 다양성을 품고 있다. 사람들의 얼굴에는 여유와 평온이 깃들어 있다. 무엇보다 이 도시의 진정한 매력은 함께 살아가는 공존에 있다.

도시의 인구를 구성하는 주요 민족은 네 갈래로 나뉜다. 중국계는 전체 인구의 약 30%를 차지하며 오랜 세월 상업과 자영업에 종사해 왔다. 도심 곳곳의 찻집과 상점에는 그들의 부지런함과 실용적인 기질이 자연스럽게 녹아 있다.

말레이계는 약 25%로, 공공기관, 교육, 경찰 등 다양한 분야에서 활약하고 있다. 다야크, 즉 보르네오의 토착 원주민들은 인구의 30% 이상을 이루며 과거에는 농업에 뿌리를 두었지만 오늘날에는 도시의 전문직과 예술 분야에서도 두각을 나타낸다.

그들의 노래와 춤에는 여전히 밀림의 혼이 살아 숨 쉬며 자연과의 깊은 교감이 느껴진다. 인도계는 비록 규모는 작지만, 향신료 가게와 커리 전문점을 운영하고 의료와 법률 같은 전문직에서 존재감을 드러낸다.

종교는 다문화의 풍경을 더욱 짙게 만든다. 다야크는 기독교를 믿고, 말레이계는 이슬람을, 인도계는 힌두교를 신앙한다. 중국계는 불교와 도교를 믿으며 조상 제사의 전통을 이어간다. 모스크에서 울려 퍼지는 아잔과 교회 종소리가 한 도시에 어우러지는 모습은 이채롭고 평화롭다.

언어 또한 다양하다. 공용어는 영어와 말레이어지만, 시장에서는 광둥어와 이반어가 뒤섞여 들려온다.

음식도 다채롭다. 향긋한 코코넛 향이 감도는 나시 레막으로 하루를 시작하고 쫄깃한 면발의 콜로 미 한 그릇에는 이곳 사람들의 소박한 일상이 담겨있다. 진한 향신료가 살아있는 인도식 커리에서는 이국의 풍미가, 이반족의 발효 생선 요리 움바이에서는 정글의 기억과 전통의 향기가 피어난다. 식탁에서 서로 다른 문화가 만나고 조화를 이루는 도시가 바로 쿠칭이다.

① **사라왁 락사(Sarawak Laksa)**

쿠칭의 아침은 락사의 매운 향으로 깨어난다. 뜨거운 새우 육수에 담긴 쌀국수 위로 닭고기와 숙주, 고수, 계란이 소박하게 어울린다. 락사 페이스트의 향신료가 코끝을 찌르면 피곤한 여행자의 정신도 천천히 깨어난다. 현지인들에게 아침 식사로 인기이며 쿠칭을 방문하는 여행객에게 추천되는 음식이다.

② 콜로 미(Kolo Mee)

콜로 미는 소박한 면 요리다. 국물 대신 간장과 마늘, 돼지고기, 기름이 어우러진 단순한 맛이다. 면을 한 젓가락을 들 때마다 느껴지는 쫄깃한 질감은 이 도시 사람들의 삶처럼 소박하다. 나는 그 소박함이 좋다.

③ 마나욱 판수(Manaok Pansuh)

이반족의 전통 요리 마나욱 판수는 대나무 속에다 닭고기를 익히는 방식으로 만든다. 대나무가 타는 향이 허브와 닭고기의 육즙과 뒤섞이면서 독특한 풍미가 난다. 대나무 안에는 닭고기, 생강, 레몬그라스, 고추, 마늘, 소금 등이 들어간다.

④ 나시 레막(Nasi Lemak)

코코넛 밀크에 지은 밥을 기본으로 다양한 반찬과 함께 먹는다. "나시"는 밥, "레막"은 '기름진, 부드럽다'는 뜻이다. 코코넛 밥에 볶은 멸치, 땅콩, 오이, 삶은 달걀, 삼발(매운 양념), 닭고기나 생선튀김을 곁들인다. 말레이시아 국민 음식으로 하루 종일 쉽게 찾아볼 수 있다.

⑤ 사라왁 리베리카 커피

사라왁 리베리카는 보르네오섬에서 재배되는 품종으로 무거운 바디와 강한 스모키 향을 지닌 커피다. 일반적으로 로부스타보다 산미가 높고 아라비카보다 바디가 무겁다.

03 소설 같은 역사

쿠칭의 올드타운을 걷다 보면, 붉은 벽돌 건물, 오래된 상점 간판, 강가에 비친 아스타나 궁전의 그림자 속에서 과거의 숨결이 느껴진다. 이 조용한 도시에는 한때 '백인 라자'라 불린 왕들이 존재했다. 백인 왕조와 식민의 상처가 한데 얽힌 역사는 마치 소설 속의 이야기 같다.

도심에는 지금도 그 흔적이 남아 있다. 브룩 거리와 브룩 박물관, 그리고 포트 마르게리타 요새에서 역사의 발자취를 찾을 수 있다.

백인 라자의 등장

19세기 초, 보르네오섬 북부의 사라왁은 브루나이 술탄의 통치 아래 있었지만, 해적의 침입과 반란이 끊이지 않았다. 그 혼란의 시대에 한 영국 청년이 정글의 바다로 향했다. 그의 이름은 제임스 브룩이었다.

그는 인도에서 군 복무를 마친 후 아버지의 유산으로 142톤급 범선 '로열리스트(Royalist)'를 구입했다. 대포와 중화기를 실은 그 배는, 사실상 한 개인의 탐험선이라기보다 작은 전함이었다. 1839년, 그는 그 배를 타고 쿠칭 해안에 닿았다.

그리고 운명은 놀라운 제안을 했다. 그는 브루나이 술탄의 특사인 라자 무다 하심을 만나 반란을 진압하면 사라왁의 통치권을 주겠다는 약속을 받아낸다. 그의 병력은 소수임에도 불구하고 현지 다야크 부족과 동맹을 맺어 반란을 진압했다. 그 공로로 술탄으로부터 통치권을 받아 1842년 공식적으로 백인 라자(Raja)가 된다. "라자(Raja)"는 산스크리트어로 '왕' 또는 '지배자'를 뜻한다. 그렇게 제임스 브룩은 영국 출신이지만 왕이 되었고, 정글 왕국의 역사가 시작되었다.

그는 토착 공동체와 협력했고, 관습과 전통을 존중했다. 백인 왕조는 놀랍게도 평화와 안정, 그리고 관용의 정신으로 시대를 이끌었다.

제임스 브룩(Sir James Brooke)

영국 출신 탐험가이자 군인으로, 19세기 중반 보르네오섬 북부의 사라왁 지역에서 백인 라자(White Rajah) 왕국을 창건했다.

로열리스트(Royalist)호

    이 배는 순수한 범선이 아니다. 제임스 브룩의 운명을 바꾼 무장 탐험선이다. 1833년, 아버지의 유산 3만 파운드로 이 배를 구매했다. 142톤급 범선으로 당시 영국 해군의 전함과 동급 수준으로 대포와 중화기를 장착한 사실상 개인 전투함이었다. 당시 이 배의 화력과 기동력은 해적과 반란군을 압도했다.

James Brooke
1841 - 1868

Charles Brooke
1868 - 1917

Charles Vyner Brooke
1917 - 1941

브룩 왕조, 세 대에 걸친 이야기

브룩 왕조는 100년 넘게 사라왁을 통치했다. 시작은 모험이었고, 중반은 건설이었으며, 마지막은 영국에 양도였다.

① 제임스 브룩(1841~1868)

왕좌는 계획이 아니라 우연이었지만, 그는 전설이 되었다.

② 찰스 브룩(1868~1917)

철도와 병원, 학교가 세워지고 정글의 땅에 영국식 질서가 자리 잡았다. 근대 사라왁의 기틀을 마련했다.

③ 찰스 바이너 브룩(1917~1941)

제2차 세계대전 중 일본군 침공으로 전후 복구가 어렵다고 판단하여 1946년 사라왁을 영국에 식민지로 양도하였다.

브룩 왕조를 바라보는 사라왁 사람들의 마음은 지금도 둘로 나뉜다. 이반족을 비롯한 일부 토착민들은 그들을 보호자로 기억하지만, 말레이계 지식인과 민족주의자들은 사라왁을 사유재산처럼 다스린 제국주의자로 평가한다.

백인 왕조는 이미 역사 속으로 사라졌지만 그들이 남긴, 마치 소설 같은 이야기가 이 도시를 잊히지 않게 하는 힘이 되고 있다. 적어도 내게는 그렇게 느껴진다.

식민지 이후, 사라왁의 선택

제2차 세계대전 후 사라왁은 영국의 말레이시아 연방 제안을 수락했고 1963년 9월 16일, 말레이시아 연방의 한 주로 다시 태어났다. 이때 MA63 협정을 통해 이민, 종교, 자원 관리 등에서 특별자치권을 보장받았다.

오늘날의 사라왁

사라왁은 자원 부국이다. 말레이시아에서 생산되는 석유와 가스의 상당 부분이 이곳에서 나온다. 끝없이 이어진 팜나무 숲과 울창한 열대림을 개발하면서도, 그 자원을 어떻게 지켜야 할지 끊임없이 고민하고 있다.

　그러나 이 땅의 진정한 풍요는 자원보다 사람에게 있다. 서로 다른 인종이 함께 어우러져 살아가는 평온한 일상, 그 속에 사라왁의 품격이 깃들어 있다. 이곳 사람들은 스스로를 이렇게 소개한다.

　"나는 말레이시아인이지만, 먼저 사라왁인이다."

　그 짧은 한마디 속에는 그들의 정체성과 조화, 그리고 자부심이 담겨있다.

제5부

쿠칭에서 보낸 계절

01

일상의 기록

(1) 소유가 삶을 행복하게 하는가?

예전에 베트남에서 함께 일하던 한 젊은 직원의 월급은 40만 원 정도였다. 처음엔 그 금액이 적게 느껴져 마음이 불편했다. 더 주고 싶었지만, 현지 지인은 이렇게 조언했다.

"시장 질서를 깨면 전체 인건비가 올라가고, 결국 모두에게 해가 됩니다."

그 말에 수긍했고 대신 자주 회식을 열고 명절이나 연말에는 작은 보너스를 챙겨주었다. 어느 날 나는 그 직원에게 물었다.

"지금의 삶에 만족하나요?"

그는 환하게 웃으며 말했다.

"여자친구도 있고, 주말엔 데이트도 하고, 밥 굶을 일도 없어요. 저는 행복해요."

그는 자신만의 방식으로 삶에 만족하고 있었던 것이다. 한국에서는 그 정도의 월급으로 누가 만족하겠는가? 고용주는 착취자라고 욕을 먹을지도 모른다. 그러나 아이러니하게도, 통계에 따르면 동남아 국가들은 우리보다 경제적으로는 덜 풍요롭지만 행복지수는 세계 상위권이며 자살률도 낮다. 반면 우리는 더 많은 것을 가지고도 OECD 국가 중 낮은 수준의 행복지수를 기록하고 있다.

우리는 늘 바쁘게 일하며 효율과 성과를 우선으로 삼는다. 더 넓은 집, 더 좋은 차, 더 높은 연봉을 향해 달려간다. 그러나 소유가 늘어도 마음은 허전하고 만족감은 높지 않다. 참으로 역설적이다. 이와 관련해 문득 떠오르는 성경 이야기가 있다. 어느 날, 한 부자 청년이 예수께 와서 물었다.

"선생님, 저는 어떻게 해야 행복해질 수 있을까요?"[*]

예수는 이렇게 대답하셨다.

"네가 가진 것을 모두 나누고, 나를 따르라."

그러나 그 청년은 깊은 슬픔에 잠긴 채 돌아갔다. 그가 가진 것이 너무 많았기 때문이다. 이 부자 청년은 많은 재산과 안정적인 지

....

[*] 성경에서는 부자 청년이 예수께 "제가 무엇을 하여야 영생을 얻겠습니까?"라고 물었다. 여기서 '영생'은 죽은 뒤 천국에서의 영원한 삶만이 아니라, 하나님과의 관계 속에서 시작되는 새로운 삶을 뜻한다. 당시 유대인들에게 영생은 하나님의 섭리 안에서 누리는 삶의 충만함, 즉 오늘날의 행복에 가까웠다. 나는 영생을 행복으로 표현했다.

위를 누렸지만, 그는 여전히 채워지지 않는 허전함을 안고 있었다. 어쩌면 오늘의 우리의 모습일지도 모른다. 우리는 소유에서 행복을 찾으려 하지만, 그 끝에는 공허함이 남는다. 예수는 바로 그 지점을 가리키며 새로운 길을 열어주신 것이 아닐까 한다. 이 짧은 이야기는 우리에게 근본적인 질문을 던진다.

"무엇이 진정한 행복을 주는가?"

나는 매년 빠르고 바쁜 세상과 느리고 여유로운 세상을 오간다. 그 사이에서 질문을 던진다. 나는 지금 얼마나 소유에 집착하고 있는가? 그리고, 나는 행복한가? 적게 소유하지만 우리보다 행복도가 높은 그들의 삶을 보며 이 질문을 마음에 새겨본다.

(2) 노을 아래, 형제의 종교들

쿠칭의 저녁은 참으로 평화롭다. 강 너머로 노을이 물들기 시작하면, 그 아래 이슬람 사원과 기독교 교회가 황금빛 햇살을 나눠 가지듯 조용히 빛난다.

무슬림도, 기독교인도, 불교도, 토착 신앙을 지닌 이들도 서로를 배척하지 않는다. 그저 같은 이웃으로 살아갈 뿐이다. 그 모습은 이 땅의 햇살만큼 따뜻하고 자연스럽다.

그러나 시선을 중동으로 옮기면, 마음이 무겁다. 이스라엘과 팔레스타인, 유대인과 아랍인 사이의 깊고 오래된 갈등은 여전히 전쟁의 화약고처럼 위험하게 들끓는다. 그 아이러니는 한 가지 단순한 진실에서 비롯된다. 그들은 사실, 같은 뿌리에서 시작된 형제다.

기원은 성서로 거슬러 올라간다. 아브라함은 유대교와 기독교, 이슬람이 공통으로 '믿음의 조상'이다. 그에게는 사라라는 아내가 있었으나 늙어도 아이가 없었다. 당시 불임은 여성에게 큰 수치였기에 사라는 자신의 몸종 하갈을 아브라함에게 준다.

이집트 여인 하갈은 아브라함의 아이를 잉태하고 그로 인해 사라는 질투에 휩싸인다. 결국 하갈은 학대를 견디지 못하고 사막으로 도망친다. 그 외로운 사막 한가운데서 하나님은 하갈에게 나타난다.

"네 고통을 들었노라."

그리고 태어날 아들의 이름을 '이스마엘'이라 하라 명하신다. 이스마엘은 곧 '하나님이 들으셨다'는 뜻이다. 하나님은 하갈에게 그녀의 주인인 사라에게 돌아가라고 명하시고 그녀의 자손이 번성할 것을 약속하신다.

하갈은 돌아가 아들을 낳고 이름을 이스마엘이라 짓는다. 그리고 머지않아 사라 역시 기적처럼 아들을 낳는다. 그가 바로 이삭, 유대인의 조상이며 예수 그리스도의 계보로 이어진다.

하지만 가정의 평화는 오래가지 못했다. 이스마엘이 이삭을 조롱했다는 이유로 사라는 하갈과 이스마엘을 내쫓을 것을 아브라함에게 요구한다. 결국 그들은 사막에 버려진다. 하갈은 아브라함에게 묻는다.

"당신이 나를 버리는 것이 하나님의 뜻입니까?"

아브라함은 조용히 고개를 끄덕인다. 그 순간 하갈은 눈물 섞인 목소리로 말한다.

"하나님의 뜻이라면 받아들이겠습니다."

사막 한가운데서 물이 다 떨어지고, 절망에 빠진 하갈은 언덕을 오르내리며 생명의 물을 찾아 헤맨다. 그때, 하나님이 천사를 보내어 지팡이로 땅을 치게 하시고, 그곳에서 샘물이 솟아난다. 그 우물 곁에서 하갈과 이스마엘은 살아남고 그곳은 훗날 성스러운 도시 메카로 발전한다. 이스마엘은 아랍 민족의 시조가 되었고, 그의 후손 중에는 이슬람의 예언자 무함마드가 태어난다.

같은 아버지를 둔 형제, 기독교와 이슬람은 사실 같은 하나님을 믿는다. 서로 다른 길을 걸었지만 시작은 하나였다. 그러나 지금의 그들은 서로를 이방인으로 여기며 피를 흘리고 원한을 쌓아간다. 그렇기에 쿠칭의 저녁은 내게 더욱 특별하다. 이곳에는 교회 종소리와 이슬람 아잔이 함께 울려 퍼진다. 사람들은 믿음은 달라도 삶은 함께 살아간다. 존중이란 신을 향한 경외만큼이나 인간을 향한 배려에서 시작된다는 것을 이 도시는 말없이 보여준다.

신앙은 증오의 도구가 되어서는 안 된다. 서로 다른 믿음이 만나 더 깊은 지혜가 되고 더 넓은 사랑이 되기를 바란다. 내가 하나님께 묻고 싶은 질문은 하나다.

"하나님, 당신은 이 모든 형제들을 위해 어떤 화해의 계획을 갖고 계십니까?"

오늘도 쿠칭의 하늘 아래, 그 답을 기다린다.

(3) 과유불급(過猶不及)

이곳 대중교통은 사실상 유명무실하다. 버스 노선은 몇 개 되지 않고 배차는 대개 1시간 간격이다. 한국처럼 지하철이나 환승 시스템 같은 건 아예 없어서 기대할 수 없다. 인도는 끊기고 신호등이 없는 곳이 많다. 차들이 쌩쌩 달려서 차도를 횡단하려면 위험하고 긴장해야 한다. 보행자는 늘 차량 통행을 조심해야 한다.

이런 모습과는 대조적으로 한국은 대중교통 천국이라 불릴 만하다. 버스와 지하철이 촘촘하게 연결되어 있고, 요금도 합리적이며 지방 소도시까지도 일정 수준의 교통망이 갖춰져 있다. 그러나 아이러니하게도, 이렇게 잘 갖춰진 대중교통 환경 속에서도 많은 사람들이 자가용을 선호한다. 그 결과 도로는 차량으로 넘쳐나고

교통체증과 매연 문제가 심각하다.

과유불급(過猶不及)이라는 표현이 떠오른다. 쿠칭은 부족해서 불편하고 서울은 사람들이 자가용을 선호하다 보니 차량이 넘쳐난다. 우리의 대중교통은 세계 어느 나라와 비교해도 뒤지지 않는 수준이다. 하지만 우리는 이 선진 교통을 당연한 것으로 여기고 그 가치를 잊고 지내는 건 아닐까 한다.

(4) 말레이시아 의료, 신뢰할 만한가

말레이시아의 의료 수준은 안전하다고 믿고 싶지만 막상 내 몸을 맡기려면 망설여진다. 단순한 선입견 때문이기보다는 의료는 환자와의 소통이 중요하다는 개인적 신념에서 비롯된 감정이다.

우리나라에서는 의사에게 아픈 부위와 증상을 세세하게 설명하는 데 어려움이 없다. 그러나 그곳에서는 내가 느끼는 통증과 증상을 온전히 전달할 수 있을까 하는 의문이 항상 따라다닌다. 말이 통하지 않는 의료 환경에서 소통 오류는 단순한 불편을 넘어 오진으로 이어질 수 있다. 그 결과는 심각한 건강 악화, 더 나아가 생명까지 위협할 수도 있다. 그래서 나는 간단한 응급처치만을 기대하는 편이다.

작년, 태국 코사무이섬에서 한 달 살기를 하던 중 일이 벌어졌다. 그곳에 온 지 보름이 지났을 때, 에어컨을 켠 채 잠이 들었다. 다음 날부터 미열이 시작되더니 몸살과 기침이 심해졌다. 약국에서 처방을 받았지만 일주일이 지나도 호전되지 않았다. 그러던 중 '동남아에서 코로나 재유행'이라는 뉴스를 접했다. 불안감이 밀려왔고 혹시 코로나에 감염된 건 아닐까 하는 걱정이 커졌다. 이틀 뒤 비행기를 예매해 귀국했다. 검사 결과는 다행히 음성이었다.

바로 귀국할 수 있었던 데에는 과거의 경험이 작용했다. 코로나19 팬데믹 시기에 사업차 베트남에 체류하고 있었다. 코로나 확산세가 가팔라지자, 베트남 정부는 국가재난을 선포하고 이동과 영업을 전면 통제하기 시작했다. 공산주의 국가 특유의 강력한 조치로 모든 상점과 공장은 닫았고, 사람들은 집 밖으로 나가지 못했다. 생활은 마치 감옥 같았다.

그 즈음, 베트남에서 알게 된 지인이 감기몸살을 앓기 시작했다. 며칠 약을 먹고 쉬면 괜찮아질 거라 했지만, 상태가 악화되어 결국 입원했다. 얼마 지나지 않아서 그가 코로나로 세상을 떠났다는 슬픈 소식을 접했다. 그 일을 겪고 난 뒤로, 해외에서는 건강을 낙관해서는 안 된다는 사실을 절감했다. 몸 상태가 예상과 다르게 악화된다면 몸에서 보내는 징후를 가볍게 여기지 말고 귀국해 치료받는 것이 안전한 방법이라고 생각한다.

(5) 계절이주가 남긴 것

쫓기듯 살아왔다. 도시의 삶은 나를 잠시도 멈추지 못하게 했고, 그 속에서 나는 점점 나 자신을 잃어가고, 어느새 익숙한 피로를 안고 살아가고 있었다. 그러던 어느 날, 문득 스스로에게 물었다.

'이대로 살아도 괜찮은가?'

우리는 자기계발이라는 이름 아래, 끊임없이 자신을 채찍질한다. '할 수 있다'는 긍정을 스스로에게 강요한다. 경쟁과 성과 압박 속에서 자신도 그 의미를 잘 알지 못한 채, 목표를 향해 달려간다. 그러다 그 목표를 이루지 못하면 자책, 열등감, 그리고 우울에 시달리기도 한다.

성공을 통해 자유를 실현한다고 믿지만, 실상은 스스로를 소진하며 착취하는 것이다. 오늘날 현대인이 직면한 번아웃과 우울의 근원은 바로 '성취에 대한 강박'에 있다.

그런 시기에 만난 것이 바로 계절이주였다. 그곳에서 보낸 시간은 인생을 되돌아보게 한 성찰의 여정이었다. 그곳에서 일기 쓰기는 삶을 되돌아보게 했고, 자연의 흐름에 맞춰 삶의 속도를 조율하고 마음을 비우는 법을 가르쳐 주었다.

사회적 지위도, 재산도, 명예도 결국 지나온 궤적에 불과하다.

적절한 운동과 균형 잡힌 식사로 몸과 마음을 다스리고 오늘의 순간을 소중히 여기며 작은 봉사와 나눔 속에서 노년의 품격을 느끼는 것, 그것이야말로 앞으로 내가 추구해야 할 새로운 삶임을 깨닫는다.

(6) 아이폰 분실사건

오늘 점심은 한식으로 먹고 싶어 비바시티 쇼핑몰로 갔다. 비바시티 내 한식당에서 주문한 비빔밥은 고추장과 볶음채소가 들어가 있어도 현지인 입맛에 맞춘 퓨전이었지만 그래도 오랜만의 한식이어서 맛있었다.

식사 후 매장을 둘러보다가 주방용품 코너에서 새 냄비가 눈에 들어왔다. 아파트엔 주방 살림이 다 갖춰져 있었지만 낡아빠진 냄비가 늘 찝찝했다. 그래서 마음먹고 하나 샀다. 냄비를 들고 계산대를 나와서 지하 마트로 내려갔다. 뜻밖에도 냉장 진열대에 삼겹살과 목살이 나란히 놓여 있었다. 이슬람 국가에서 돼지고기 파는 곳이 많지 않다 보니 반가웠다. 오늘 저녁엔 삼겹살 구이, 내일은 새 냄비로 목살·두부·김치를 넣고 김치찌개를 끓이기로 마음먹고 돼지고기를 샀다.

기분 좋고 즐거운 마음으로 그랩을 타고 집에 돌아왔다. 그런데 집에 도착해 현관문을 열고 장 보따리를 내려놓는 순간, 심장이 철렁 내려앉았다. 주머니가 텅 비어 있었다. 아이폰이 없었다.

순간, 눈앞이 깜깜해졌다. 아까 요금을 지불할 때 옆자리에 두고 내린 게 떠올랐다. 내일 예약한 여행사에 연락도 못한다. 전화도, 메시지도, 모든 게 끊겼다. 완전히 망했다는 기분이 들었다.

엘리베이터를 타고 로비로 내려갔다. 건물이 호텔과 아파트가 함께 있는 구조라 호텔 프론트로 달려가 사정을 설명했다. 프론트 여직원은 무척 친절했다. 사정 이야기를 차분히 다 들어주었다. 그녀는 반복해서 나의 아이폰에 전화를 걸어주었다. 아이폰을 잃어버렸으니 호텔 프론트로 돌려달라는 메시지도 남겼다.

방으로 돌아와 노트북을 켜고 애플 계정에 로그인해 분실 모드를 걸었다. 아이폰의 위치가 지도 위에서 도로를 따라 움직이고 있었다. 아이폰이 차 안에 있는 것이 확실했다.

다시 프론트로 내려가 이 상황을 전했다. 그랬더니 조금 전에 운전기사가 밤 10시쯤 가져다주겠다고 연락이 왔다고 했다. 사례금으로 50링깃을 요청했다고 한다. 그 말을 듣자마자, 돈이 문제가 아니었다. 제발 빨리 가져다 달라고 운전사에게 꼭 나의 바람을 전해 달라고 프론트에 부탁했다.

10시까지는 세 시간이 넘게 남았다. 방에 올라와도 초조함이 가라앉지 않았다. 계속 아이폰 위치를 추적했다. 어느 순간, 나의 아이폰이 내 아파트 건물을 향해 움직이기 시작했다.

곧바로 다시 로비로 달려갔다. 지금 운전자가 이쪽으로 오고 있는 것 같으니 전화를 걸어서 확인하라고 요청했다. 하지만 프런트 여직원은 고개를 저었다. 10시에 운전사가 온다고 약속했으니 기다려 보자고 차분히 말해줬다. 그럼에도 불구하고 나의 예감대로 호텔 현관 밖으로 나왔다. 그리고 그 순간, 바로 정면에 내가 타고 왔던 그랩 차량이 서 있었다. 운전사는 차 옆에서 담배를 피우며 주위를 살피고 있었다.

가까이 다가가 말했다. 아이폰 잃어버린 승객이라고… 그는 놀란 표정으로 나를 쳐다봤다. 내가 약속보다 빨리 나와서 직접 찾아온 게 의외였을 것이다.

사례금을 건네주고 아이폰을 돌려받았다. 그 순간, 가슴을 짓누르던 걱정의 돌덩이가 스르르 내려앉는 느낌이었다. 프런트 여직원에게도 곧바로 사례를 하며 감사 인사를 전했다. 진심으로 고마웠다. 그녀는 부드러운 미소로 그저 해야 할 일을 한 것뿐이라고 말했다. 오늘 아이폰 분실이란 끔찍한 절박함을 맛봤고, 동시에 현지인의 따뜻함도 느꼈다. 오늘 비빔밥과 돼지고기는 무척 비싸다. 그렇게 느껴진 하루였다.

(7) 재래시장에서 장보기

토요일 정오, 사툭 시장은 이미 열기로 들끓고 있었다. 꼭 필요한 게 있는 건 아니었다. 그저 충동에 이끌려 그랩을 타고 시장으로 향했다. 시장은 열대의 냄새와 사람들의 웃음소리로 가득했다. 닭고기를 고르는 사람들, 과일을 만지작거리는 손길, 그리고 고소한 튀김 냄새가 공기를 채웠다.

이슬람 문화권답게 돼지고기는 보이지 않았다. 현지 소고기도 찾아보기 힘들었다. 더운 날씨에 길러 육질이 질기고 풍미가 약하다 보니 잘 팔리지 않는다고 한다. 그래서인지 정육점에는 호주산이나 미국산 소고기가 진열되어 있었다.

시장은 열대과일로 넘쳐났다. 망고, 파인애플, 망고스틴, 사과까지 가지런히 쌓여 있었다. 하지만 내가 좋아하는 용과와 코코넛은 보이지 않았다. 코코넛이 이 지역의 주요 농산물이지만 정작 시장에서는 쉽게 찾기 어렵다. 공급이 부족할 때가 있다고 한다. 용과 역시 지역별 생산량 차이와 계절성, 그리고 유통 구조에 따라 시장에서 쉽게 보기 어려울 수 있다고 한다. 찾는 과일이 없으니까 풍요 속에서도 무언가 비어 있는 느낌이었다.

시장은 삶의 현장이다. 우리의 시골 장터와 다르지 않다. 상인과 손님은 흥정을 하고, 웃고, 떠들며 정을 나눈다. 사람이 만나고,

말이 오가고, 거래가 이루어지는 살아있는 공동체다.

한참을 둘러보다 껍질 벗긴 파인애플과 망고, 망고스틴, 멜론을 샀다. 시장 안쪽의 튀김 가게 앞에서는 황금빛 오징어튀김이 눈길을 끌었다. 하지만 나는 길거리 음식을 잘 사 먹지 않는다. 특히 노점 식탁에 앉아 먹는 코너는 늘 망설여진다. 설거지 시설이 마땅치 않은 곳에서 수많은 손님이 쓰던 그릇이 어떻게 관리되는지 알 수 없기 때문이다.

그럴 만한 이유가 있다. 20여 년 전, 태국 여행 중 길거리 음식을 먹었다가 귀국 직후 구토와 고열에 시달렸다. 얼굴이 노랗게 변했고, 밤마다 통증에 잠을 이루지 못했다. 결국 대학병원 응급실을 찾았고, A형 간염 진단을 받았다. 한 달 넘게 입원하며 고생했던 기억은 아직도 생생하다.

그럼에도 불구하고, 이곳의 음식들은 여전히 매혹적이다. 말레이, 중국, 사라왁, 그리고 퓨전 음식까지, 향기와 색깔로 나를 유혹했다. 높은 온도에서 튀겨진 음식이라면 테이크 아웃 정도는 괜찮겠지 싶었다. 며칠 전 분실한 아이폰을 찾아주는 데 도움을 준 호텔 프런트의 아가씨 직원이 떠올랐다. 고마운 마음을 전하고 싶었다. 그래서 오징어, 새우, 게 튀김을 넉넉히 샀다. 그녀가 아니었다면, 분실 사건은 복잡하게 진행되었을 것이다. 로비 한가운데서 낯선 사람에게 전화를 빌려달라 부탁하는 내 모습이 선명히 그려진다. 생각만 해도 아찔하다.

    집으로 돌아오는 길에 호텔 프런트에 들러 그녀에게 튀김 봉지를 건넸다. 그녀는 두 손으로 봉지를 받아 들고 수줍게 웃었다. 그 수줍은 웃음 속에는 순박함과 따뜻한 정이 배어 있었다.

사툭 시장 풍경들

(8) 값비싼 싸구려 - 에어 아시아를 피해야 하는 이유

쿠칭으로 향하는 여정은 순조롭게 진행되는 것 같아 보였다. 인터넷 검색으로 찾은 항공권은 왕복 38만 원이었다. 에어 아시아가 저가 항공이라는 점이 마음에 걸렸지만, 합리적인 지출이라고 생각했다. 그러나 그 선택은 곧 실망으로 바뀌었다. 가격의 이면에는 숨겨진 비용과 시스템적 결함이 있었다.

숨겨진 비용의 함정

수화물은 당연히 포함된 줄 알았다. 하지만 예약 메일을 받고서야 모든 구간에서 수화물이 빠져 있다는 사실을 알게 됐다. 대부분의 항공권 검색 사이트가 최저가 순으로 노출되는 점을 악용해 수화물이 제외된 요금으로 소비자를 유인한 것이다. 급히 중계업체에 문의하니 항공사 홈페이지에서 수화물을 추가 구매하라고 대답했다. 그때부터 난관이 시작되었다.

응답하지 않는 고객센터

수차례 예약번호를 입력했지만, 해당 회사 홈페이지에서는 계속적인 오류가 발생했다. 중계업체에 문의하니 항공사의 고객센터 전화번호를 알려주었다. 그런데 고객센터는 몇 년 전에 한국에서 이미 철수한 상태였다. 통화가 되지 않았다.

결국 공항에서 2배 요금으로 수화물 비용 지불

출국 당일, 인천공항 체크인 데스크에서 수화물 추가를 요청했더니, "출발 4시간 전이 아니라는 이유"로 요금이 정상가의 2배로 안내되었고, 현장 직원은 에어 아시아 소속이 아님을 강조하며 별도 대응이 불가하다고 했다. 비행기를 놓칠 수 없어 결국 울며 겨자 먹기로 요금을 결제했다.

에어 아시아 앱을 통한 반복적인 문의에도 불구하고, "탑승 완료 후 환불 불가"라는 자동화된 회신만 반복되었다. 실질적인 문제 해결을 위한 상담은 제공되지 않았다.

반복되는 소비자 피해

유사한 피해 사례가 온라인상에서도 다수 확인된다.
① 예약 시스템은 반복적으로 오류를 일으킨다.
② 불편을 접수해도 실질적인 응답은 없다.
③ 환불 및 변경은 사실상 불가능하다.

이러한 소비자 불만들은 언론을 통해 이미 지적되었고, 2023년 공정거래위원회로부터 시정 권고 조치를 받은 바 있다. 그럼에도 불구하고, 소비자 피해가 계속 발생하고 있다. 이는 소비자 권리를 침해하고 법적 질서를 무시하는 처사라고 생각한다.

에어 아시아가 수화물 추가요금을 자발적으로 환불할 의사가 없어서 결국 이 사건을 한국소비자보호원에 접수했다. 중재조정 절차에 들어가서야 환불을 받을 수 있었다. 환불을 받기까지 3개월이 소요되었다.

교훈

이번 사건을 통해 항공권의 가치가 단순한 가격에 있지 않다는 사실을 절감했다. 항공사의 고객 응대와 투명한 요금 체계가 모두 포함된 것이 항공권의 품질이다. 계절이주자들에게 이와 같은 문제는 단순한 불편이 아니라, 전체 여정에 악영향을 줄 수 있는 중요한 리스크다. 싼 항공권의 유혹에 앞서 그 비용 뒤에 숨겨진 시스템을 먼저 살펴야 한다.

(9) S-MM2H 비자가 계절이주자에게 필요한가

S-MM2H 비자는 사라왁(Sarawak)주에서 장기 체류를 원하는 은퇴자를 위한 비자다. 결론부터 말하자면, S-MM2H 비자는 필수가 아니다.

한국인은 사라왁 입국 시 최대 90일까지 체류가 가능한 입국 도장을 받을 수 있다. 체류 기간이 끝나면 인근 국가를 잠시 경유한 뒤 재입국해 다시 90일간 무비자 체류를 할 수 있다. 즉, 순수하게 계절에 따라 일시적으로 체류하는 '계절이주자'라면 무비자 체류만으로도 충분히 효율적이다.

그러나 거주 목적이 단순 휴식이나 계절 체류를 넘어설 경우 이야기가 달라진다. 부동산 투자, 은퇴 이민, 자녀 교육, 세제 혜택 활용 등 보다 안정적인 생활 기반을 필요로 한다면, S-MM2H 비자가 장기 체류를 보장하는 유용한 제도가 될 수 있다. 특히 다음과 같은 이들에게 적합하다.

① 사라왁 내 부동산을 구입하거나 장기 임대를 계획하는 사람
② 은퇴 후 해외에 안정적인 거주지를 마련하려는 시니어
③ 자녀에게 국제적인 교육 환경을 제공하고자 하는 가족
④ 해외 소득의 비과세 혜택을 활용하려는 자영업자 및 투자자

S-MM2H 비자는 만 30세 이상이면 신청할 수 있다. 핵심 조건은 은행 예치금으로, 신청자는 RM500,000(약 1억 5천만 원)을 사라왁 현지 은행에 정기예금으로 예치해야 한다. 부부가 함께 신청하는 경우 예치금은 RM1,000,000(약 3억 원)이다. 또한 비자를 유지하려면 매년 최소 30일 이상 체류해야 한다.

비자 신청 시에는 비용도 발생한다. 주정부가 지정한 대행업체를 통해 신청할 경우 RM12,000(약 360만 원)의 대행 수수료가 필요하며, 부양가족이 있을 경우 인당 RM2,000이 추가된다.

여기에 정부 발급 수수료 RM5,000을 포함하면 초기 발급 비용은 약 500만 원 이상이 된다. 직접 신청할 수도 있으나, 이 경우 현지인을 후원자(Sponsor)로 지정해야 한다는 조건이 있다. S-MM2H 비자는 기본 5년 + 연장 5년, 총 10년간 체류가 가능하다.

(10) 부동산 규제의 역설

쿠칭 도심의 2베드룸 아파트(약 80㎡) 시세는 대략 1억 4천만 원에서 3억 원 사이로 형성되어 있다. 서울 강남의 동일 평형과 비교하면 10분의 1에도 못 미치는 수준이다. 그러나 흥미롭게도 현지인들은 코로나 이전보다 상승한 가격에 부담을 느끼며 불만을 토로한다. 나와 같은 외부인의 눈에는 '여전히 저렴해 보이는' 가격이지만, 이는 단순한 높고 낮음의 문제가 아니라 지역의 소득 구조·문화·생활환경이 만든 관점 차이일 것이다.

이쯤에서 우리는 한국 사회가 부동산을 바라보는 관점을 돌아볼 필요가 있다. 진보 성향의 정치인들은 정부의 통치 권력으로 가격을 통제하고 수요를 억제하는 것이 서민 주거 안정과 평등 실현의 길이라 믿는다. 그러나 이러한 생각은 인간의 본성과 자본주의의 작동 원리를 간과한 유토피아적 환상에 가깝다.

자본주의는 인간의 탐욕을 동력으로 발전해 왔다. 탐욕은 부정적인 동시에 시장을 움직이는 현실적인 에너지다. 과거 민주당 정권은 주거 평등 실현을 목표로 다주택자 규제와 1가구 1주택 정책을 추진했다. 다주택자를 사회의 '적'으로 규정하고 세금과 규제를 강화했으나, 그 결과는 예상과 달랐다. 집값 안정은 고사하고 강남과 한강벨트 일부 지역만 폭등하면서 초양극화 현상이 나타났다. 지방 부동산은 침체했고, 전·월세 가격은 오히려 상승해 세입자의 부담만 커졌다. 아이러니하게도 '집값 안정'을 위한 규제가 집값 폭등과 불평등 심화를 초래한 것이다. 강력한 통제는 오히려 시장 참여자들에게 "부동산은 절대 떨어지지 않는다"는 신념, 즉 '부동산 불패론'을 강화시켰다.

문제의 근본은 정부가 과거 실패에서 교훈을 얻지 못하고 같은 방식의 정책을 반복한다는 데 있다. 자본주의 시장에서 가격은 '보이지 않는 손'에 의해 자율적으로 조정된다. 부동산 역시 예외가 아니다. 정치권이 주거 불평등 담론에 매몰되어 시장을 과도하게 통제할수록, 시장 참여자들은 가격 상승을 예상하며 투기 심리를 더욱 강화한다. 결과적으로 '평등을 위한 규제'가 불평등을 키우는 역설을 낳는 것이다. 강남 부동산이 꾸준히 폭등하는 이유는 의외로 단순하다. '1가구 1주택' 규제 때문이다. 주택을 한 채만 소유할 수 있는 구조에서는 사람들이 자연스럽게 '어차피 한 채라면 가장 좋은 곳에 갖고 싶다'는 심리를 갖게 된다. 그 결과 자금은 상급지로 몰리고 특히 강남의 집값이 끊임없이 상승하게 되는 것이다.

역사적으로도 시장 투기는 일정 시점이 지나면 스스로 조정된다. 가격이 과도하게 오르면 수익률이 떨어지고, 결국 투기 수요는 감소한다. 시장은 스스로 균형을 찾아가는 힘을 지니고 있다. 그러나 정치권은 시장의 자율 조정 능력을 믿지 못하고, 단기적 여론과 지지율에 휩쓸려 조급하게 규제를 반복한다. 이러한 조급함이 오히려 시장 불안을 키우고 있다.

여기에 더해, 일부 관료와 정치인의 내로남불 행태는 문제를 악화시킨다. 그들은 스스로 부동산 투기를 통해 이익을 얻으면서도 국민에게는 투기 억제를 강요한다. 이런 위선이 정부의 신뢰를 무너뜨리고, 정책 효과를 약화시킨다. 부동산 문제의 해법은 규제 강화가 아니라, 정부 관료와 정치인의 자기 반성과 청렴의 회복에서 출발해야 한다.

결국 부동산 문제를 푸는 열쇠는 인간의 본성과 시장의 원리를 이해하는 데 있다. 유토피아적 평등 대신, 인간의 욕망을 인정하는 시장 친화적 정책이 필요하다.

잘못된 규제가 누적되면 한국의 중장년층, 특히 은퇴를 앞둔 세대는 새로운 질문을 던지게 된다. "꼭 한국에서, 이 체제 속에서 살아야 하는가?" 주거 비용이 상대적으로 낮고 생활 여건이 여유로운 해외 도시, 예를 들어 쿠칭 같은 곳으로 계절이주를 넘어 아예 이민을 선택할지도 모른다.

미국에서도 일부 은퇴자들은 연금만으로는 높은 월세와 생활비를 감당하기 어려워, 생활비가 상대적으로 낮은 중남미 지역으로 은퇴 이주를 선택한다. 베트남에서 내 이웃으로 지냈던 미국인 은퇴 교사도 그런 흐름 속에 놓여 있던 한 사람이었다.

정부의 정책이 역설적이면, 그 속에서 개인의 삶 또한 역설적이 된다. 열심히 일해도 집을 살 수 없고, 저축을 해도 감당할 수 없다. 좋은 의도로 시작된 정책이 현실에서는 더 큰 답답함을 만든다. 그리고 사람들은 다시 묻는다. "같은 돈으로 해외에서 더 여유로운 삶을 살 수 있다면 왜 이민을 망설여야 하는가?"

정부가 보다 현실적인 정책을 마련하지 않는다면, 국민이 해외이민 브로커들의 '고객'으로 전락하는 블랙코미디 같은 현실이 펼쳐질 수 있다.

(11) 한 달 생활비

쿠칭의 물가는 한국에 비해 상대적으로 저렴해, 절약을 의식하지 않아도 충분히 여유롭게 지낼 수 있었다. 마트 물가는 대체로 한국의 70% 수준이며, 월세 또한 서울과 비교하면 훨씬 부담이 덜하다.

나는 인터넷, 전기, 수도 등 공과금이 모두 포함된 원룸 아파트를 월 2,000링깃에 임차했다. 이곳은 시내에서 약간 떨어진 곳에 위치해 있지만, 생활 편의 시설이 잘 갖춰져 있다. 건물 내에는 호텔이 함께 들어서 있고, 1층 로비에는 식당과 커피숍이, 지하에는 마트와 푸드코트, 코인 세탁방이 있어 생활에 불편함이 없다.

도심 외곽으로 나가면 월세는 훨씬 저렴해지지만, 한국과 달리 대중교통이 거의 없다는 점이 단점이다. 렌터카를 고려해 보았으나, 소형차 기준으로도 보험을 포함하면 월 50만 원이 넘었다. 결국 시내에서 그랩(Grab)으로 약 10분 거리의 원룸 아파트를 계약했다. 시내로 이동하는 데는 5~10링깃이면 충분했다.

이곳은 이슬람 문화권이라 새벽마다 모스크에서 아잔(기도 호출)이 울려 퍼지지만, 숙소가 모스크와 거리가 있어 잠을 방해받는 일은 없었다. 한 달 생활비 내역은 아래에 정리했다. 계절이주를 계획하고 예산을 세우는 데 참고가 되길 바란다.

<한 달 생활비 내역> (2025년 기준)

항목		비용(링깃)	원화/1RM ≈ 322.6원
숙소		2,000	645,200
식비	외식비	800	258,080
	장보기	900	290,340
교통비		500	161,300
여행 (근교 방문)	교통비	900	258,080
	입장료/잡비	400	129,040
총비용		5,500	1,774,300

1) 숙소

① 거주 형태: 스튜디오 타입 원룸 아파트, 건물 이름은 코지스퀘어다.

② 시설: 가구, 침대, TV, 냉장고, 식기 완비

③ 편의시설: 건물 내 호텔, 식당, 커피숍, 마트, 푸드코트, 코인 세탁방

④ 위치: 시내에서 그랩으로 10분 거리, 조용한 주거지역, 종합병원이 도보 5분 거리에 있어 의료 접근성 우수

⑤ 월세: 2,000링깃(공과금 포함)

2) 식비

① 외식: 아침과 점심은 주로 아파트 푸드코트에서 해결

　㉠ 아침 현지식: 카야 토스트 + 삶은 달걀 + 커피 또는 사라왁 락사

　㉡ 점심 현지식: 나시레막(코코넛 밀크 향의 말레이식 정식)

　㉢ 하루 식비: 40링깃 내외

② 장보기: 저녁은 집에서 한식 위주로 조리하여 식사

　㉠ 품목: 김치, 계란, 생수, 쌀, 돼지고기, 야채, 과일 등

　㉡ 월 900링깃 내외 지출

3) 교통비

① 대중교통: 버스는 배차 간격이 길고 노선이 적음

② 이동수단: 그랩(Grab)을 이용했고 호출 후 10분 내 도착해서 편리하다.

02

근교 방문기

(1) 산길에서 만난 짧은 인연

인터넷으로 쿠바 국립공원 입장 예약을 마쳤다. 긴팔 옷과 비치타월, 그리고 혹시 모를 야영을 위한 최소한의 준비물을 챙겼다. 그랩으로 집에서 국립공원까지는 35분이 소요되었다. 우리나라로 비교하면 서울에서 가까운 북한산국립공원 같은 곳이다.

입장은 오전 8시부터 시작한다. 혹시 숙소가 일찍 마감될까 서둘러서 왔지만, 안내소 직원은 숙소 운영은 중단됐고, 야영장 이용만 가능하다고 했다. 침낭, 버너, 음식은 각자 준비해야 한다는 말도 덧붙였다. 우리나라 국립공원처럼 입구 주변에 기념품 가게, 식당, 편의점 등이 있을 줄 알고 이곳에 왔지만 아무것도 없었다. 다행히 미리 챙겨온 물과 과자가 하루를 버티게 해줬다.

월요일 아침의 산길은 적막했다. 인기척 하나 없는 정글에 혼자 들어섰다. 목적지는 폭포였다. 안내원이 알려준 방향을 따라 조용한 숲속을 걸었다. 땅은 비에 젖어 축축했고, 나무들은 하늘로 치솟아 햇살을 가렸다. 숲 전체가 그늘에 잠겨 있었다.

처음엔 길을 잃을까 걱정했지만, 걷다 보니 더위와 피로에 지쳐 그런 생각조차 사라졌다. 어느 순간 무아지경에 빠졌고, 해탈이란 게 이런 걸까 싶었다. 산행을 하다 보면 잡념이 사라지고, 무념무상의 상태가 된다. 그런 멍한 상태로 걷다 보면 어느새 엔도르핀이 분비되어 기분이 한결 가벼워진다. 오늘도 그러한 상태에 이른 듯했다.

폭포는 크지도 높지도 않았지만, 검은 바위를 타고 흘러내리는 물소리는 의외로 요란했다. 주변엔 아무도 없었다. 오늘만큼은 폭포가 온전히 나를 위해 존재하는 듯한 묘한 기분이 들었다. 바위 위에 앉아 쉬고 있을 때, 뉴질랜드에서 왔다는 청년이 다가왔다. 그는 "정말 아름답다"고 말했다. 그래서 "네 나라가 여기보다 못해서 온 거냐?"며 엉뚱한 농담을 던졌다. 농담을 제대로 이해했는지는 모르겠지만 그는 환하게 웃었다. 가벼운 대화를 나눈 뒤 그는 산봉우리 쪽으로, 나는 산 아래로 향했다.

하산길에 접어들자 사람들이 하나 둘 눈에 띄기 시작했다. 하산 중에 쿠알라룸푸르에서 왔다는 60대 부부를 만났다. 아주머니는 〈오징어 게임〉, 〈더 글로리〉 등 한국 드라마 이야기를 쉼 없이 이어갔다. 한국 드라마가 그녀에게는 커다란 즐거움과 매력으로 다가온 듯했다.

　귀가하려고 그랩을 부르러 했지만, 안내원은 "이곳엔 그랩이 오지 않는다"고 했다. 더 아래쪽으로 내려가면 버스를 탈 수 있다고 하여 산길을 따라 걷기 시작했다. 뙤약볕이 내리쬐었지만 산의 공기는 신선했다.

　잠시 후, 같은 방향으로 걷고 있던 중국인 가족과 발걸음을 나란히 했다. 그중 한 여인은 자신의 고향 난징 이야기를 들려주었고, 나는 고개를 끄덕이며 진심으로 귀 기울였다. 버스가 도착할 때까지 이어진 그 대화 덕분에 산행이 한층 즐겁게 마무리되었다.

폭포 가는 길

나무가 울창하여 하늘이 잘 보이지 않았다. 나무에 칠해져 있는 파란색 페인트 표시를 따라서 올라가야 한다.

  국립공원 입구에서 폭포까지의 거리는 약 1.6km, 왕복 1.5시간 정도 소요된다.

(2) 오랑우탄을 만나다

아침 7시 반, 세멍고 야생보호센터로 향했다. 출근 시간이라 도로는 이미 차량으로 가득 밀려 있었다. 40분쯤 달려 도착한 이곳은 세계적으로 알려진 오랑우탄 보호구역이다. 멸종 위기에 처한 오랑우탄을 보호하고, 불법 사육에서 구조된 개체들을 재활하여 다시 야생으로 돌려보내는 역할을 한다.

입장료는 10링깃. 관람 구역까지는 숲길을 따라 언덕을 올라야 한다. 나는 왕복 15링깃짜리 전기차(버기) 티켓을 함께 끊었다. 걸어서 올라가다 보면 오전 9시에 시작하는 오랑우탄의 식사 시간을 놓칠까 걱정되었기 때문이다.

오랑우탄을 만날 수 있는 시간은 오전 9시에서 10시 사이뿐이다. 이때를 놓치면, 그들은 깊은 정글 속으로 사라져 다시는 모습을 보이지 않는다. 센터 요원은 이곳에 약 30마리가 살고 있으며, 머리가 좋아 식사 시간에 맞춰 스스로 나타난다고 했다.

8시 30분쯤 관람 구역에 도착하니 이미 한 마리가 나무 위에 매달려 있었다. 굵은 가지를 붙잡고 주변을 살피는 모습이 인상적이었다. 아이폰을 꺼내 사진 몇 장을 담았다.

9시가 되자, 센터 요원이 입에 손을 모아 특이한 소리를 냈다. 휘파람도 울음도 아닌 묘한 소리였다. 그 신호를 알아들은 듯 오랑우탄들이 나무 사이에서 하나 둘 모습을 드러냈다. 동료 요원들이 바구니를 들고 나와 두리안, 바나나, 망고, 코코넛을 흩뿌리자, 기다렸다는 듯 녀석들이 나무에서 내려왔다.

오랑우탄은 혼자 산다. 어미와 새끼를 제외하고는 무리를 이루지 않는다. 평생 홀로 지내며 짝짓기를 거의 하지 않기에 번식률이 낮다고 한다. 오늘은 네 마리가 모습을 보였다. 요원은 운이 좋은 날이라며 웃었다. 비 오는 날은 하루 종일 한 마리도 나오지 않을 때도 있다고 했다.

이곳 방문은 두 번째다. 처음은 10년 전이었다. 기억을 더듬어 보면, 그땐 세 마리를 봤던 것 같다. 그때 동행했던 말레이시아 청년이 문득 떠올랐다. 이름은 잊었지만, 게스트하우스 6인실 도미토리의 아래층 침대에 누워 노트북 화면만 바라보던 그의 모습이 아직도 선명하다.

그는 대학생이었고, 방학 중 아버지와 크게 다투고 집을 나온 지 열흘째라고 했다. "누워만 있지 말고 나랑 같이 다니자"고 말했더니 선뜻 따라나섰고, 그렇게 그와 함께 이곳에 왔었다. 당시 나는 보르네오섬을 이리저리 누비며 말레이시아, 브루나이, 인도네시아 국경을 넘나들었다. 마지막 목적지는 쿠칭이었고, 가진 돈이 거의 떨어져 게스트하우스에서 묵었었다.

오전 10시가 되자 오랑우탄들은 식사를 마치고 다시 숲속으로 사라졌다. 관광객들도 물 빠지듯 흩어졌다. 나 역시 그 흐름에 섞여 발걸음을 돌렸다.

집으로 돌아오는 길, 문득 이런 생각을 했다. 요즘은 노인들이 가족과 함께 살지 않는다. 홀로 늙어가며, 조용히 세상과 거리를 둔다. 나이가 들수록 사회적 관계는 옅어진다. 마치 오랑우탄의 삶과 같다. 오랑우탄들도 어쩌면 인간처럼 외로움을 느끼고, 누군가를 그리워하고 있을지 모른다.

요즘 젊은 세대 또한 오랑우탄의 삶을 닮아가고 있는 듯하다. 혼자 밥을 먹고, 혼자 술을 마시며, 혼밥과 혼술이 하나의 문화가 되었다. 연애는 조심스러워지고 결혼은 미루거나 포기한다. 자연스레 출산율은 낮아지고 있다. 이러다가는 언젠가 우리 모두를 '오랑우탄형 인간'이라 불러야 하는 것은 아닐까, 그런 생각이 마음을 스쳤다.

오전 식사 시작인 9시 전에 미리 나와서
식사를 기다리고 있는 오랑우탄

세멍고 야생보호구역(Semenggoh Wildlife Centre)

쿠칭 시내에서 약 24km 떨어진 곳에 위치한 오랑우탄 재활 센터이다.

(3) 살아있는 문화유산

사라와 민속촌을 찾았다. 여행사의 관광 상품을 통해 왕복 교통, 입장료, 가이드 해설이 포함된 패키지를 180링깃에 예약했다. 혼자 민속촌을 방문한다면 교통비만 80링깃 정도가 드니 패키지 가격이 합리적으로 느껴졌다. 무엇보다 아침 8시 30분에 집 앞에서 바로 픽업해 주는 서비스 덕분에 편안하게 다녀올 수 있었다.

사라와 민속촌은 사라와 원주민 문화가 보존되고 재현되는 곳이다. 이곳에는 총 7개 부족의 전통 가옥인 롱하우스(longhouse) 9채와 민속 공연장이 있다. 롱하우스는 열대우림의 습기와 야생동물로부터 보호하기 위해 나무로 지어진 고상식 구조의 공동 주택으로 여러 가족이 한 지붕 아래 살아간다. 중앙 복도 '루아이'는 공동체의 중심 공간이며, 잔치와 의식이 열리는 장소다. 이곳은 공동체 중심의 삶을 상징하는 문화유산이다.

가장 강렬한 인상을 받은 것은 집안 거실 천장에 매달린 해골들이었다. 높은 천장 아래에서는 나무를 태워 연기를 피우고 있었는데 구조 자체가 연기가 해골을 향해 자연스럽게 올라가도록 설계되어 있었다. 가이드가 말하길, 해골은 모조품이 아니라고 했다. 순간 싸늘한 놀라움이 온몸을 덮었다.

일부 부족들은 전쟁에서 적군의 머리를 베어서 가져와 거실 천장에 걸어두는 풍습을 지녔다. 해골은 부족의 힘을 과시하는 존재였다. 연기를 피우는 이유는 해골에서 나오는 악취나 해충을 막고 악령을 물리치기 위해서다.

이 풍습은 찰스 브룩 통치 시대에 법으로 금지되어 더 이상 행해지지 않지만, 민속촌에서는 문화적 재현의 형태로 보존하고 있었다.

오전 11시 30분이 되자 민속 공연이 시작되었다. 이 공연은 민속촌 방문의 하이라이트였다. 각 부족의 의상과 예술이 어우러진 공연은 몰입감이 뛰어났다. 단순한 볼거리를 넘어서 문화적 정수가 담겨있었다. 각 부족의 특색 있는 민속예술과 의상을 감상할 수 있었던 것이 인상적이었다. 민속촌 관람에는 최소한 한나절이 소요되며 민속 공연 시간은 미리 확인해 두는 것을 추천한다.

땅에서 약 15m 높이의 기둥 위에 집을 짓는다. 이는 홍수와 야생동물로부터 보호받기 위함이다. 목재 건축으로 하나의 집에 여러 가족이 함께 거주한다.

멜라나우족의 가옥

오랑울루족의 롱하우스

여러 가족이 한 지붕 아래에서 살아가는 형태로 집이 길게 이어져 있고, 각 세대는 칸막이로 구분돼 있다. 습기와 야생동물로부터 보호받기 위해 지면에서 높게 집을 짓는다.

거실 중앙 천장에는 연기에 그을려 검게 변한 적의 해골들이 매달려 있다. 이 공간에는 늘 연기가 자욱하게 피어오르고, 해골은 부족의 힘을 상징한다. 연기를 피우는 행위는 해골에서 발생할 수 있는 악취와 해충을 막는 동시에 악령을 쫓기 위한 의례적 의미를 지닌다.

벽에는 적을 처단했던 칼들이 걸려 있고, 천장에는 적의 해골들이 매달려 있어 거실은 전사의 위용과 부족의 권위를 드러낸다.

민속 공연 모습

(4) 변하지 않는 자연의 시간

바코 국립공원은 10년 전 여행사 패키지로 이미 다녀온 곳이지만 이번에는 대중교통으로 저렴하고 자유롭게 여행하기로 했다.

새벽 6시에 기상했다. 살고 있는 아파트에서 그랩을 타고 버스터미널(Electra 빌딩 옆에 위치)에 도착했다. 그곳에서 바코라고 푯말로 표시된 1번 버스를 타면 된다. 버스는 새벽 7시를 시작으로 매시간 정각에 출발한다. 약 40분간 버스로 달려서 바코 국립공원 선착장 매표소에 도착했다. 모터보트를 타고 국립공원인 섬으로 들어가야 한다.

보트를 혼자서 전세하면 200링깃이고 5인 합승 시 1인당 40링깃이다. 마침 앞줄에는 서양 배낭여행자 4명이 서 있었다. 그래서 그들과 합승하기로 했다. 그들은 20대 커플들이었다. 한 커플은 폴란드에서 왔고, 다른 커플은 네덜란드에서 왔다. 한창 연애 중인 듯 스킨십이 자연스럽다.

나는 그들의 연애를 방해하지 않으려고 조용히 보트의 맨 뒷자리에 앉았다. 앞자리에서는 달달했고, 나는 맨 뒤에서 파도와 바람을 즐겼다. 뒤에 앉아 있으니 그들이 즐겁게 노는 모습이 눈에 들어왔다. 하나님이 아담에게 하와를 만들어 주신 건, '이 청춘들이 이렇게 연애를 하라는 뜻이었나?' 하는 생각에 피식 웃음이 났다.

15분 후 숲과 절벽이 병풍처럼 둘러싼 바코 국립공원이 모습을 드러냈다. 섬에는 호스텔이 몇 채 있기는 하지만 위락시설은 없었다. 그렇기에 가족 단위의 관광객보다는 배낭여행자, 사진작가, 자연애호가들이 찾아온다.

섬은 열대우림의 울창함과 해변의 고요함이 조화를 이루고 있었다. 긴 코를 가진 희귀종인 야생 코주부 원숭이를 가까이에서 볼 수 있고 새소리도 끊이지 않고 들렸다.

여행코스를 추천받고자 관광안내소로 들어갔고, 안내원은 지도를 펼쳐서 파쿠(Paku)와 판단 케실(Pandan Kecil)을 추천했다. 그래서 안내원의 추천대로 오늘 일정을 정했다. 보트에 함께 탑승한 커플들과는 오후 2시에 선착장에서 만나기로 하고 각자의 행선지를 향하여 흩어졌다.

산책로를 따라서 걸어가니 사람들이 나무숲 아래 모여 있었다. 궁금하기도 하고 해서 다가갔다. 코가 긴 코주부 원숭이가 나무에 매달려 있었다. 이 독특한 생김새의 원숭이는 맹그로브 숲에서 서식하며 이곳의 상징과도 같은 동물이다.

파쿠로 가는 길 입구에 도착하니 땅이 젖어서 미끄러웠다. 1시간 이상 조심스럽게 올라가니 더위와 습도로 인해 체력 소모가 컸다. 잠시 휴식을 취하고 있는데 뒤에서 중국인들이 시끄럽게 대화하며 올라온다. 2명의 여자들은 슬리퍼를 신고 있었는데 긴 치마를 입고 있어 자칫하면 긴 치마가 발에 밟혀서 넘어질 것처럼 위태로워 보였다.

그들은 나를 지나쳐서 계속 올라갔다. 나도 곧바로 그들의 뒤를 따라서 10분 정도 올라가니 작고 아름다운 해변이 눈앞에 펼쳐졌다. 잠시 주변을 둘러보니 그곳은 낯설지 않았다. 10년 전, 그 해변이었다. 10년이면 강산도 변한다고 했지만, 해변은 전혀 변하지 않고 그대로의 모습을 간직하고 있었다. 10년 전 그때도 지금도 한산하고 조용했다. 토요일임에도 불구하고 해변에는 나와 중국 일행뿐이었다.

바위 위에 앉아 물을 마시고 있는데 중국 여성이 다가와 땀을 닦으라고 물티슈를 건넸다. 피아노 박사과정 중인 유학생이라고 했다. 일행은 어머니와 고향 친구, 그리고 선착장에서 우연히 합류한 말레이계 남성이었다. 모녀는 긴 치마와 슬리퍼 차림이라 더 이상 정글 속을 걷기 어렵다며 보트 투어를 제안했다. 10년 전 이미 등산 코스를 걸어봤기에 흔쾌히 동의했다.

달리는 보트 위에서 바라본 절벽과 숲, 바위층이 빚어낸 풍경은 한 폭의 그림 같았다. 우리는 판단 케실 해변에서 하선했다. 잔잔한 바람이 부는, 아무도 없는 해변 모래 위를 걸으며 고요함을 온몸으로 느꼈다. 그곳에는 바람과 우리뿐이었다.

얼마가 지나지도 않아 선장이 예약 관광객을 태워야 한다며 출발을 재촉했다. 모녀 일행은 돌아가고, 나와 말레이계 청년만 남았다. 우리는 정글길을 따라 안내소를 향해 걸었다.

한 시간 동안 숲길을 걸으며 이야기를 나눴다. 그는 컴퓨터 프로그래머였다. 중국계 혼혈이고 중국어, 말레이어, 영어를 구사할 수 있다고 했다. 초등학교 시절부터 학교에서 3개 언어를 배우고 일상에서도 이들 언어들을 구사했다고 했다. 그러면서 "영어도 중국어도 말레이어도 원어민 수준은 아닙니다"라고 덧붙였다. 순간 원어민 수준으로 구사할 수 있는 언어가 없다는 사실에 잠시 놀랐으나 모국어로 하나의 언어만을 구사해도 표현이 막히는 순간이 있는데 3개의 언어들을 품고 살아간다면 얼마나 버거울까 싶기도 했다.

그와 대화를 하면서 걷다 보니 1시간이 금방 지나갔고 목적지인 관광안내소에 도착했다. 선착장에서 배를 기다리면서 다시 찾은 바코 국립공원의 전경을 물끄러미 쳐다보니 10년 전과 다름없었다. 자연은 변함없이 나를 반기며 품어주는 듯했다.

　바코 국립공원은 야생 코주부 원숭이를 관찰할 수 있는 대표적인 서식지다. 수컷의 큰 코와 독특한 외모로 유명한 이 원숭이는 주로 나무 위에서 생활한다.

바코 국립공원의 해변은 인위적인 손길이 닿지 않은 자연 그대로의 풍경을 간직하고 있다. 이곳에는 간이매점은 물론 흔한 파라솔 하나 없이 바람과 파도만이 존재한다.

판단 케실 해변 언덕 전망대에서의 전경

(5) 철새 경로지 어촌

어촌 마을 분탈(Kampung Buntal)로 향했다. 시내에서 40분쯤 달리자 도시 풍경이 차츰 사라지고 차창 밖으로 야자수와 메마른 풀, 바람에 눕는 잡초가 스쳤다. 차 문을 열고 내리니 바다 짠내가 코끝을 찔렀다. 어촌에 도착한 것이다.

요금을 계산하자, 여성 기사가 말했다.

"여기엔 볼 게 없어요. 저 같은 현지인한테는 그래요. 외국인인 당신은 다르게 느낄지도 모르죠. 그래도 왔으니 해산물은 드셔 보세요."

그녀는 그렇게 말하고 차를 돌려 다시 도로 위로 사라졌다.

이곳은 어디서 본 듯 낯익었다. 갯벌, 바람, 그리고 바다 비린내… 문득 전남 벌교의 갯벌이 떠올랐다.

이 마을은 약 300년 전, 말레이 족장 다투 탕각(Datu Tanggak)이 가족과 함께 강 하구에 정착하면서 시작되었다. 이곳은 복어를 포함한 어족 자원이 풍부한 어업 최적지다.

멀리 물 빠진 갯벌에서 한 여인이 허리를 굽힌 채 조개를 캐고 있었다. 마을은 너무나도 조용했다. 아침 9시 반이지만 거리엔 인기척조차 없었다. 마을 전체가 아직도 꿈에서 깨어나지 않은 듯했다. 닭 울음소리만 들리는데 마치 그만 자고 일어나라고 재촉하는 것처럼 느껴졌다.

갯벌을 따라 조성된 콘크리트 산책로를 걸었다. 이곳은 동남아시아와 오스트레일리아 철새들의 경로이자 서식지로 매년 25,000여 마리의 철새들이 찾아온다. 산책로 위에는 철새 배설물이 여기저기 흩어져 있었다. 이곳이 수많은 새들의 쉼터임을 생생히 증명하고 있었다.

갯벌 산책을 마치고 다시 마을로 돌아오니 오전 10시 반이 되었다. 더운 햇볕에 지쳐 시원한 음료라도 마시고 싶었지만, 주위를 둘러봐도 구멍가게 하나 보이지 않았다.

그 순간 문득 궁금해졌다. 이곳 사람들은 생필품을 어디서 구할까? 필요할 때마다 차를 타고 멀리 나가야 한다면 얼마나 번거롭고, 불편하겠는가 상상해 보니 나는 단 일주일도 버티지 못할 것 같다는 생각이 들었다. 작은 어시장 옆 식당에 들어가니 중년의 남자가 주방에서 나와서 말했다.

"11시에 문을 엽니다."

그래서 식당 앞 야외 테이블에 앉아 영업 시작을 기다렸다. 식당 주인의 아내로 보이는 중년 여인이 마당을 청소하고 있었다. 음료를 주문하려고 그녀를 불렀다. 그녀가 말했다.

"지금은 코코넛밖에 없어요."

탄산음료는 없고 코코넛만 있다는 대답이, 이곳의 소박한 분위기와 묘하게 어울렸다. 그녀는 메뉴판도 함께 가져왔다.

해산물 요리의 가격은 오늘의 시가로 표시되어 있었다. 3~5인분 단위로 제공되며, 재료와 가격 모두 그날 잡힌 어획량에 따라 달라지는 듯했다. 날마다 바다에서 잡힌 어종과 양에 따라 가격이 변하는 자급 어촌의 경제 구조였다. 1인분으로 해산물을 요리하지 않으니 점심 메뉴를 고르라고 했다.

메뉴를 살펴보다가, 사슴 생강볶음이 눈에 들어왔다. 베트남에서 먹었던 기억이 떠올라 순간적으로 시선이 머물렀다. 사슴고기는 지방이 적고 육질이 부드러워 당시의 기억을 믿고, 사슴 생강볶음과 밥을 주문했다.

식사를 마친 뒤 교통편을 물었더니, 대중교통은 없다고 했다. 이곳 사람들은 웬만한 거리는 걸어 다니거나, 오토바이 혹은 자가용을 이용한다고 했다. 이방인의 이동 수단은 그랩이나 택시뿐이라고 덧붙였다. 한국에서는 근교 마을에 대중교통이 없다는 건 상상하기 어렵다. 그러나 그곳은 도시에서 조금만 벗어나면 대중교통이 거의 없다. 그녀는 아무렇지도 않다는 듯 퉁명스럽게 '없다'고 답했다.

길가 옆 너른 평상들 위에는 작은 잡어들이 말라가고 있었다.

비릿하고 꼬린 냄새가 코를 자극했다. 이곳 사람들의 삶의 체취라는 생각이 들었다.

분탈 마을은 조용한 해안 어촌으로 갯벌과 철새 관찰지로 유명하다.

전남 벌교를 연상케 하는 갯벌

(6) 계획에 없던 여행

여행을 하다 보면 때때로 예상치 못한 방향으로 흘러갈 때가 있다. 이틀 전, 한적한 어촌 분탈로 향하던 그랩 택시 안에서 기사에게 슬쩍 물어봤다.

"쿠칭 근교에서 어디가 제일 좋아요?"

그녀는 고민 없이 대답했다.

"반고댐이요. 정글 속 폭포가 아주 멋져요. 제가 가장 좋아하는 곳이에요."

친절한 그녀는 자신의 휴대폰으로 위치를 검색해 보여주고, 보트 예약 연락처까지 알려줬다. 전혀 몰랐던 곳이었다. 인터넷으로 찾아보니 교통편이 닿지 않는 깊은 산속이다. 그랩 호출도 어렵고 돌아오는 길이 막막했다. 결국 안전을 위해 운전사를 포함해 차량을 한나절 렌트하기로 했다. 그렇게 해서 새벽 6시 45분, 반고댐을 향해 출발했다.

차량으로 반고댐에 도착한 뒤, 제트보트를 타고 산속으로 들어갔다. 물살을 가르며 달리는 보트가 시원하고 상쾌했다. '그래, 여행은 이런 맛이지' 하며 생각했다.

함께 보트를 탄 일행은 네 명의 현지인들이었다. 모두 20대 후반으로, 직장 동료에서 연인으로 발전한 두 쌍의 커플들이었다. 모두 같은 제약회사에서 일하고 있다고 했다. 이들 4명이 오늘 나와 등산 가이드와 함께 등산할 멤버들이다.

약 20분을 달려 산 아래 선착장에 닿았는데 어딘가 익숙했다. 댐의 풍경, 호수의 곡선, 그리고 산 모양 등이 마치 춘천의 소양댐, 의암댐, 그리고 삼악산을 떠올리게 했다. 이국땅에서 고향 같은 풍경이 묘한 감정과 친근감을 불러일으켰다.

보트 선착장에서 산길을 따라 한 시간가량 올라가자 폭포 입구에 세워진 푯말이 눈에 들어왔다.

"Welcome to Jurassic Park & Susung Waterfall."

쥬라식 파크라는 이름은 영화 속 배경을 떠올리게 했지만, 음산하거나 위협적인 분위기가 없었다. 정글은 울창했으나 폭포는 영화처럼 장엄하지는 않았다. 컴퓨터 그래픽으로 만든 허구의 배경보다는 실제 숲과 폭포가 주는 현실적인 아름다움이 더 와닿았다.

폭포 앞에 자리를 잡고 앉아 물을 마시고 과자를 먹으며 더위를 식혔다. 시원한 물소리를 들으며 두 시간 남짓 쉬다가, 가이드에게 다가가 전망대로 올라가자고 했다. 그는 고개를 끄덕였지만 함께 배를 탔던 4명의 일행들은 다른 등산객들과 뒤섞여 눈에 띄지 않았다.

혼자라도 전망대에 올라갈 마음으로 자리에서 일어나 배낭을

메고 걸음을 떼니 몸이 무겁고 다리가 후들거렸다. 너무 오래 쉬었기 때문이다. 걷기 시작하자 가이드도 내 뒤를 따라왔다. 기운이 빠져 천천히 걷고 있는데, 뒤에서 따라오던 가이드가 나를 부르더니 손짓을 했다. 먼저 올라가라고, 자신은 일행을 찾아 뒤따라 올라가겠다고 했다.

전망대에 오르려면 선착장 쪽으로 한참을 내려갔다가 다시 가파른 오르막을 올라야 했다. 내려갔다가 다시 오르는 길이 얼마나 힘든지는 경험해 본 사람만이 안다. 숨은 차오르고 다리가 후들거렸다. 준비해 온 1.5리터 생수도 어느새 바닥을 드러냈다.

온 힘을 다해 전망대에 올랐다. 풍경 사진 몇 장을 찍고 나니, 이제 내려가는 길이 남았다. 그런데 무릎에서 통증이 올라왔다. 이전에는 아무리 높은 산을 오르내려도 무릎이 아프지 않았는데 이번은 달랐다. 오를 때보다 내려올 때가 더 힘들고 고통스러웠다.

내리막길에서는 다리 힘이 풀리면 중심을 잃게 되고 낙상 사고와 고관절 골절로 이어질 수 있다는 이야기를 들었는데 그 말이 맞겠다는 생각이 들었다. '아, 나도 이제 늙어가고 있다. 젊은 시절처럼 등산할 수는 없는 걸까?' 하는 생각이 하산하는 내내 머릿속을 맴돌았다.

힘겹게 선착장까지 내려오니, 가이드와 일행들이 전망대까지

오르지 않고 그늘 아래 모여 앉아 쉬고 있었다. 나는 땀에 흠뻑 젖어 더위를 식히고자 콜라 한 캔을 사러 매점으로 향했다. 계획에 없던 여행은 그렇게, 콜라 한 캔의 청량함과 무릎관절 걱정으로 마무리되었다.

전망대에서 바라본 반고댐 전경

반고댐 호수(Bakun Dam Lake)는 인공호수로, 울창한 열대우림의 장대한 자연경관을 자랑한다. 수력 발전 댐이지만 현재는 생태 관광과 수상 액티비티 명소로도 주목받고 있다.

달리는 보트에서 찍은 반고댐 호수 전경

쥬라식 파크 영화 속 배경처럼 음산하거나 위협적인 분위기의 숲은 아니다. 이곳의 숲은 오히려 평화로운 분위기 속에서 자연의 생명력이 부드럽게 느껴졌다.

수성폭포 전경

(7) 조용한 일요일 아침 순례

마탕산(Mount Matang)으로 향했다. 쿠칭 시내에서 차로 약 20분 거리다. 울창한 열대우림으로 뒤덮인 마탕산 중턱에 작은 힌두 사원이 자리하고 있다. 150여 년 전, 이국땅에서 고향을 그리던 인도 노동자들이 세운 이 사원은 한때 정글 속에 묻혀 50년 넘게 잊혀졌다가 기적처럼 되살아났다.

이 사원은 19세기 후반, 찰스 브룩(Charles Brooke) 통치 시절 인도에서 건너온 차와 커피 농장 노동자들이 세운 사라왁 최초의 힌두사원이다. 당시 약 1,000여 명의 인도 노동자들이 마탕 지역 농장에서 일하며 정글 속에서 질병 치유와 수호의 여신, 스리 마하 마리아만을 모셨다. '스리'는 존경을, '마하'는 위대함을, '마리아만'은 여신의 이름을 뜻한다.

1912년 농장이 폐쇄되자 대부분의 인도 노동자들은 고국으로 돌아갔고, 사원은 50여 년 동안 정글 속에 묻혀 있었다. 그러던 1968년, 비다유족 사냥꾼 아비 빈 벵갈리(Abi bin Benggali)가 폭풍우를 피해 숲속을 헤매다 폐허가 된 사원을 우연히 발견했다. 그는 내부에 있던 코끼리 목각상을 가져갔다가 악몽에 시달려 다음 날 다시 돌려놓았다는 흥미로운 이야기가 전해진다.

이후 쿠칭의 힌두교 공동체가 복원에 나서 1970년 12월 4일 재

개장식을 열었고, 당시 약 500명이 참석했다. 지금은 쿠칭 힌두사원협회가 사원을 관리하고 있다.

    오늘의 여정은 산 입구 주차장에서 사원까지 약 3킬로미터의 길을 걷는 것이다. 완만한 경사의 포장길이 이어졌고, 천천히 걸으면 1시간 반이 걸린다. 아침 7시 30분, 산 입구에는 이미 등산객들이 모여 있었다. 일요일이면 힌두 신도들이 순례의 의미로 이 길을 오른다고 해서 찾아왔다. 그러나 신도는 거의 없고 대부분 현지 등산객이었다. 고요한 숲길을 걸으며 나만의 순례를 하면 되니까 그것도 나쁘지 않았다. 등산로는 고요해서 사색하기에 더없이 좋았다. 오래전 이곳을 걸었던 인도 노동자들의 간절한 소망을 생각하면서 걸었다.
    1시간 반을 쉬지 않고 걸었고 사원 입구에 도착했을 때는 온몸이 땀으로 흥건했고 숨이 가빴다. 입구 계단 아래에 앉아 물 한 모금으로 갈증을 달랜 뒤 천천히 사원 계단을 향해 발걸음을 옮겼다.

    사원에 들어서기 전에는 신발을 벗어야 한다. 맨발로 거친 콘크리트 계단을 오르자 발바닥이 따끔따끔했다. 마치 지압판 위를 걷는 듯한 느낌이었다. 그러나 그 통증마저 순례자의 고통처럼 느껴졌다.

사원에 올라 아래를 내려다보니 짙은 녹음과 사원 아래 풍경이 펼쳐졌다. 정글 속 이 작은 사원은 자연과 조화를 이루고 있었다. 간간이 들려오는 새소리, 부드러운 바람, 그리고 고요함이 마음을 정화해 주는 듯했다.

예배 시간이 아니어서인지 사원은 생각보다 조용했다. 기대했던 종교 행사는 볼 수 없었지만 그 대신 한적함과 평온함을 얻었다.

잠시 머문 뒤 천천히 산을 내려왔다. 150여 년 전, 인도 노동자들은 이 비탈진 길을 오르내리며 여신에게 자신과 가족의 무사한 귀향을 빌었을 것이다. 그들의 기도는 생존의 소망이었을 것이다. 이국의 정글 속에서 고향을 그리며 올랐던 그들의 발걸음이 내 발길에도 고스란히 전해지는 듯했다.

힌두사원 입구

힌두사원으로 올라가는 계단길

사원에 오르기 위해서는 신발과 양말을 벗고 맨발로 거친 시멘트 계단을 올라야 한다. 발바닥에 느껴지는 따가움은 육체적 고통을 넘어 신 앞에서 자신을 낮추는 수행으로 받아들여진다.

신도가 우유로 스리 마하 마리아만 여신을 목욕시키는 장면

사원에서 내려다본 전경

(8) 골프에 대한 단상

다마이 해변과 산투봉산이 만나는 곳, 그 경계에는 말레이시아 최초의 국제 규격 골프장이 자리하고 있다. 쿠칭 도심에서 차로 약 50분을 달리면 바다와 산이 한눈에 들어오는 리조트 단지가 펼쳐진다. 골프를 치고, 해수욕을 즐기며, 가족과 함께 휴식할 수 있는 복합 레저단지다.

해변은 리조트 투숙객만 이용할 수 있는 프라이빗 비치다. 일요일 오후인데도 사람의 발길이 드물었다. 잔잔한 파도와 부드러운 모래, 그리고 따스한 햇살이 어우러진 풍경은 한 폭의 풍경화 같았다. 그러나 빛바랜 파라솔과 오래된 시설물이 세월의 흔적을 담고 있다. 최근 리모델링을 한 흔적은 없었고, 일부 공간은 시간이 멈춘 듯한 분위기다.

다마이 골프 코스는 산투봉산의 기슭과 해안이 맞닿은 곳에 있다. 라운드를 돌면 정글, 산, 바다, 해변이 차례로 시야에 들어온다. 코스가 아름다워서 골프에 대한 열정이 다시 생겨날 것 같고, 골프채를 다시 쥐고 싶은 마음이 들었다.

일요일 오후인데도 코스는 여유롭다. 직원의 말에 따르면 평일엔 하루 15~50명, 주말에도 100명을 넘지 않는다고 한다. 아름다운 코스를 바라보며 문득 예전의 내가 떠올랐다. 지금은 골프를 치지 않지만 한때는 누구보다 골프에 진심이었다.

　미국 텍사스에서 살던 시절, 새벽이면 연습장으로 향했고, 주말이면 프로에게 레슨을 받았다. 한국으로 돌아와서도 PGA 출신 트레이너에게 배우며 실력을 갈고 닦았지만, 늘 제자리걸음 같았다.

　트레이너가 바뀔 때마다 "자세 교정부터 다시 시작하자"는 말이 반복되었고, 나는 점점 지쳐갔다. 골프는 혼자서는 할 수 없는 운동이다. 동반자가 필요하고 자연스럽게 비교가 따라온다. 그러던 중 문득 골프도 재능임을 깨달았다. 매사 노력과 재능이 어우러져야 두각을 낼 수 있다고 생각하던 차에 골프에 소질이 없다는 것을 깨달은 순간 쓸쓸했지만 억지로 잘하려고 애쓰고 싶지는 않았다. 골프는 개인의 취향인데 굳이 스트레스받으면서 할 필요가 있겠는가 해서 진심으로 즐길 수 있는 것을 찾기로 했다.

　우리 사회는 골프가 비즈니스를 위한 사교 운동이자 관계의 통로로 여겨진다. 많은 직장인들이 "골프는 비즈니스 스포츠다"라는 말을 당연하게 받아들이고, 평일에는 연습장에서, 주말에는 필드에 선다. 골프를 치지 않으면 승진에서 밀린다는 우스갯소리도 있다. "다들 하니까 나도 해야 한다"는 동조의식은 일종의 압박으로 작용하기도 한다.

　반면 미국에서는 비즈니스 때문에 골프를 치기도 하지만 대부분 미국인들은 개인의 여가 활동으로 여긴다. 같은 운동이지만 이렇게 문화적 차이가 있다는 사실이 흥미롭다.

순수하게 즐기려는 마음으로 필드에 선다면 즐겁겠지만, 어떤 목적이나 남이 하니까 나도 골프를 쳐야 한다는 식이면 그것은 부담으로 다가올 것이다. 그저 즐길 수 있을 때, 비로소 즐거움과 의미가 살아난다. 이곳 필드에서 서서 마지막 라운드 홀을 쳐다보니 문득 그런 생각이 스쳤다.

다마이 리조트 객실동 전경

해변이 완만하여 아이들이 놀기에 좋다.

프라이빗 해변이라서 한적하다.

산투봉산을 배경으로 한 코스

해변과 어우러진 코스

(9) 근교 방문지 요약

지금까지 내가 방문해 에세이로 기록한 곳들을 아래에 정리했다. 쿠칭은 도심을 조금만 벗어나도 인간의 손이 닿지 않은 천혜의 자연이 펼쳐진다. 계절이주를 계획하는 이들에게 유용한 참고가 되길 바란다.

명소	이동 거리 /자동차	하이라이트 /특징	추천 일정
바코국립공원	40분 + 보트	코주부 원숭이, 열대우림 하이킹, 해변, 바위 절벽	당일~1박 2일
산투봉고 산림보호구역	35분	정글 트레킹, 폭포, 산 정상 조망	당일치기
다이와 해변 & 골프 코스	50분	대규모 가족 리조트, 한적한 프라이빗 해변, 18홀 골프 코스	당일치기, 몇 일 휴식
쿠바국립공원	30분	야간 개구리 관찰, 폭포 하이킹, 열대 식물	한나절~ 당일
세멍고 야생보호센터	40분	야생 오랑우탄 관찰(9시/15시)	한나절
사라왁 문화촌	45분	이반족 롱하우스, 전통무용 공연, 민족 문화 체험	한나절~ 당일
반고댐 & 쥬라식 파크	1시간 + 보트	정글 속 폭포, 댐에 의해 형성된 인공호수	당일치기
마탕산 & 힌두사원	30분	사라왁 최초의 힌두사원, 조용한 트래킹 코스	한나절
쿠칭 워터프론트 & 올드타운	도심	사라왁 강 보트, 수상가옥 마을, 박물관, 걷기 좋은 길	한나절~ 당일

| 에필로그 |

　쿠칭에서 보낸 순간들을 글과 사진으로 남기고 싶었다. 사진은 오직 아이폰 하나로만 찍었다. 이유는 단순하다. 풍경과 감정을 있는 그대로, 어떤 기술이나 효과 없이 전하고 싶었기 때문이다.
　베트남에서 사업을 하며 동남아 곳곳을 여행했다. 그 과정에서 지역과 문화에 대한 깊은 애정이 생겼다. 그때는 많은 것을 느끼고 배웠다고 생각했지만, 시간이 흐르자 기억은 서서히 희미해졌다. 그래서 아쉬움이 남는다. 그때 사진 한 장이라도 더 찍어둘걸, 일기 몇 줄이라도 써둘걸. 아마 그 아쉬움이 이 책을 집필하게 된 이유일 것이다.
　이제 베이비부머 세대는 본격적인 은퇴 시기를 맞고 있다. 많은 이들이 스스로에게 묻는다.

'앞으로 어떻게 살아야 할까?'

'어디에서 제2의 인생을 펼쳐볼까?'

계절이주는 그러한 은퇴기에 인생을 되돌아보고 성찰할 수 있는 귀중한 계기가 될 수 있다고 생각한다. 유년기는 부모의 덕과 환경이 삶에 크게 작용하는 시기다. 태어난 인연과 조건은 스스로 선택할 수 없기 때문이다. 청년기와 장년기는 노력, 재능, 그리고 운이 얽혀 인생이 그려지는 시기다.

우리는 그 시기를 '할 수 있다'는 긍정을 스스로에게 강요하며 살아왔다. 끊임없는 자기 최적화와 성과 압박 속에서, 자신도 그 의미를 잘 알지 못한 채 무언가의 목표를 향해 달려왔다. 그러다 목표를 이루지 못하면 자기 비난과 열등감, 그리고 깊은 우울감에 시달리기도 했다.

그러나 노년은 그러한 경쟁의 현장에서 한발 물러설 수 있는 시기다. 비로소 자신을 마주하고, 오롯이 되돌아볼 수 있는 여유가 생긴다. 노년의 삶은 자신의 의지대로 만들어 갈 수 있다.

작년에는 아내와 함께 큐슈로 온천 여행을 다녀왔다. 그때 가이드가 건넨 말이 있었다.

"60대에는 멀리 가세요. 아직은 활동적으로 움직일 수 있으니까요. 70대 이후엔 국내가 좋습니다. 체력이 더 이상 받쳐주지 않아요."

그 말이 왜 그토록 내 마음에 남았는지 모르겠다. 누군가에게는 그냥 지나치는 말일 수도 있다. 하지만 나는 그 말에서 젊음도, 건강도, 이동할 수 있는 자유도 결국 유통기한이 있다는 의미로 들렸다.

그 가이드는 어쩌면 수많은 장년 여행자들의 뒷모습에서 그런 통찰을 얻었을 것이다. 시간은 누구에게나 공평하지만 누구에게나 관대하지는 않다. 그가 내게 하고 싶은 말이 그런 의미가 아니었을까 한다.

이 책 출간과 함께 네이버 블로그 〈나의 계절을 찾아서〉를 열었다. 아이디(별명)는 '계절을 선택하는 삶'이다. 처음 계절이주를 준비하다 보면 막연한 불안이 앞선다. 어디서부터 시작해야 할지, 낯선 문화에 어떻게 적응할지, 생활비나 일정은 어떻게 세워야 할지 등 생각보다 복잡하다. 그래서 같은 길을 걷는 이들과 정보를 나누고, 경험을 공유하고자 했다.

이 책이 누군가에게 새로운 삶으로 나아가는 첫걸음이 되기를 바란다. 그리고 그 길 위에서, 자신만의 계절을 선택하며 살아가는 기쁨을 발견하길 소망한다.

2025년 11월
지은이 **최경식**